U0143709

玉女沒有秘密

口述　陳寶珠等

玉女沒有秘密（代序）

鄭政恆

還記得二〇一六年十月九日，奚仲文、陳善之、盧子英、洛楓、李安和我，訪問大家的偶像明星陳寶珠，整個下午到黃昏，喋喋不休，談個不停。我們口中的「寶珠姐」氣定神閒，不慌不忙回答了大家提出的過百條問題，也透過一張張珍貴照片，一起回憶那年那月的往事。

細說從頭，我們從陳寶珠的童年說起，包括為何成為名伶陳非儂、宮粉紅的養女，如何跟隨粉菊花師傅學習北派，登台表演《白水灘》，組成孖寶劇團……

我們當然談到十多年的電影生涯，童星印象、反串心得、玉女形象，也提到她膾炙人口的精彩演出——《如來神掌怒碎萬劍門》的袁銅、《七彩胡不歸》的文萍生、《天劍絕刀》的左少白、《玉女添丁》的梅麗芳……她就是六十年代的一個象徵人物，在影迷簇擁之中，萬千寵愛在一身。

從影期間陳寶珠成為七公主之一，七位粵語片當紅女演員感情深厚，二〇〇三年的《陳寶珠嚟喇演唱會》，就來一次大團圓，令影迷身心哄動。本書就齊集六位公主馮素波、沈芝華、蕭芳芳、薛家燕、王愛明及馮寶寶的訪談，盡顯金蘭姊妹的情義。

一九七〇年，陳寶珠息影，一九七二年放暑假時返港為邵氏拍了告別作《壁虎》。赴美國登台後，留在彼邦讀書上學，結婚生子。如果要了解陳寶珠其人和她的生活，兒子楊天經的憶述，是最好的親身見證。

一九九九年，陳寶珠藉舞台劇《劍雪浮生》重出演藝江湖，杜國威度身訂造《劍雪浮生》劇本，由陳寶珠扮演師傅任劍輝，區嘉雯飾演白雪仙。區嘉雯回憶演出期間的一百壺湯水，也不禁哽咽落淚。

陳寶珠身邊的一眾朋友和影迷，包括銀幕裏的胡楓，台前的梅雪詩，幕後的鍾景輝、董培新、奚仲文，友人邁克、陳善之、關錦鵬，《彩色青春：影迷公主陳寶珠畫冊》編者盧子英，影迷Connie、Vivian、楚君、銀珍、阿娥等等，也有許多動人的第一身回憶，而陳寶珠不單受人敬愛，她也萬分尊敬師傅粉菊花和任劍輝。

於是我又想起二〇一六年十月九日那天，陳寶珠一身白衣，風度翩然，整天談得最多的，大概就是任劍輝——十全十美的師傅，可惜任劍輝當紅時忙得天昏地暗，陳寶珠未能多多請教師傅，到師傅比較有空時，陳寶珠也正在影藝事業的巔峰未能抽空。然而，任劍輝待人處事的作風，早已潛移默化，平等待人，自然而為，這些都是任劍輝和陳寶珠的性格寫照。在粵劇演出的技藝上，陳寶珠也不斷向任劍輝學習，傳人之名，有名有實，二〇一四年與梅雪詩合作演出的《再世紅梅記》，是最好的證明。

這本書的編務急迫，李安、寧礎鋒、莊櫻妮、姚國豪不辭勞苦日夜趕工，蘇美智、陸明敏、鄭美姿憑專業拼勁撰寫訪談文章，只因為大家都希望趕及這套精美的書，可以在陳寶珠七十大壽之時推出面世，在此謹向我們鍾愛的寶珠姐，說一聲：

生日快樂，祝願身體安康。

目錄

三 相遇戲台後——夥伴融

四

戲中人在眼前——朋友誠

一

今生今世情

家人愛

淡妝濃抹總相宜

陳寶珠訪談

陳—陳寶珠
奚—奚仲文
善—陳善之
洛—洛楓
鄭—鄭政恆
盧—盧子英
安—李安

二〇一六年十月九日下午，影迷盧子英和鄭政恆為了準備採訪寶珠姐，不約而同輾轉反側了一整晚，而評論人洛楓，早在年頭出版的《游離色相：香港電影的女扮男裝》一書，有專章討論陳寶珠的少年俠士形象，準備十足。在幕後運籌帷幄的李安，打點好場地，吃的喝的都不缺少，足以讓我們安心談一整天。終於，隨着奚仲文和陳善之先後徐徐步入香港三聯書店會議室，大家都知道，陳寶珠嚟喇！

鄭：我們知道您是在粵劇世家成長的，養父陳非儂是「永壽年」、「梨園樂」、「太平劇團」的正印花旦，養母宮粉紅亦是粵劇界名伶。一九五三年養父母創辦「香江粵劇學院」培養新血，譬如吳麗君、李龍、李鳳等，請介紹一下這樣的家庭背景下，對您涉足藝壇有何影響？

陳：我原名何佩勤，家中有十幾個兄弟姊妹排第八，因為家貧，我嬰兒時便被領養，是我媽媽選中了我。因為養父母沒有自己的孩子，所以領養了四個女兒，我有一個大家姐，但一早就離開了；第二是蘭姐，然後是我和愛珠。我爸爸是教花旦的，但我不是學花旦，可能是我沒聲的緣故。那時候我很小，其實也不知道有沒有天份。可能爸爸沒空吧，他也要教徒弟，而我只不過是「撓車邊」，在旁邊看看而已。我小時候長得不好看，又生熱痱，又「黃黚黚」，哪裏是做花旦的材料！後來，我的一個叔伯對我很好，他帶了我去粉菊花師傅那裏學北派，師傅一看見我，就不知道為什麼，叫我學「男仔」，不知道是不是因為那時候我的頭髮很短，小男孩似的。

鄭：是江陵叔嗎？

陳：是的，江陵叔叔與師傅是好朋友。那我就去粉菊花師傅那裏學，她沒有收我錢，因為我也給不了那麼多錢，她就一直沒收我學費。我在她那裏共學了幾個月（或是大半年左右）之後，便跟着去做京戲了。那時候很小，好像是九歲多、十歲左右。當時一星期到粉菊花師傅處上五天課，每天上午我到小學上課，十二時多下課回家吃午飯後，便過海到北京道學戲，直至五時多下課。當時學的主要是基本功，像壓腳、踢腳、飛腳、半邊月、一字馬，還有把子，即刀槍，以及對打。

我依稀記得第一次上台演出，第一場做的是武生戲《白水灘》，一開鑼，就是我們先出，因為我們不是主打，我又「唔識驚」；臨結尾還有一場壓軸的，叫《八蜡廟》，是群戲，我就做其中一個小朋友，很開心，因為可以表演。後來，師傅有時也會做一場，因為當時京劇是沒什麼票房的，要師傅帶着我們去給那些上海人，或者其他人，去「銷飛」。沒有公開售賣，哪個會去看！於是我們跟着師傅去，說「李叔叔」或者「先生，這是寶珠，她演出了，你捧捧場」這些。他們也是很久才會做一次，做一次就會賺到一點錢。

安：在哪裏演出？

陳：在樂宮戲院。都挺好的，不過做一晚而已。在師傅那裏學了一些基本功，北派的功底。師傅很嚴的，嚴到不得了，我們都很害怕。後來跟小寶（梁醒波女兒梁寶珠）兩個一起做《王伯黨招親》，就是孖寶劇團，大家也是在師傅那裏學戲的。

洛：除了基本功，也要學唱嗎，有哪些劇目？

陳：一點點，因為我們那些只有四句，一來是一唱，你的廣東腔很厲害，二來我們這些小朋友，唱不到那種味，那種功力。但是我們的戲大多數都是打的，師傅教我們的一些，譬如《王伯黨招親》、《水濂洞》、《黃亭嶺》、《黃天霸》等劇目。有時候師傅也會請人教我們，好像《三岔口》是請人教的。《三岔口》打得很厲害。

洛：那時候學的北派，後來在武俠片裏用到多少？您後來拍武俠片，還需要再去學一些中國武術嗎？像石堅叔，他是真懂功夫，是南派的。

陳：不用真的學武術的，其實有那些功底就差不多可以了。堅叔是真懂，你跟他打，試戲的時候本來不用那麼用力，但他一樣那麼用力打，打到停不了手。

安：您跟粉菊花師傅共學了多久呢？

陳：我跟師傅共學了幾年時間，後來因為要拍電影，練功的時間愈來愈少，所以才沒去學。

安：入了影圈後，您愈來愈忙，如何兼顧學業呢？

陳：初時仍是下課後才去拍戲的，不過後來愈來愈忙，告假的次數也愈來愈多，所以初中的時候，唯有輟學。

安：可以談一下讀書的情況嗎？譬如您喜歡什麼科目？

陳：我小學在灣仔救世軍讀，當時學費好像是七元。後來中學在領英讀，領英是平民學校。當時最怕讀英文，小學數學還可以，但到了中學的分數及代數，我便不行了，最喜歡的是中文。其實我讀書的資質很一般的。

初涉影圈

鄭：從京劇班子是如何過渡到電影圈的呢？我們看資料，您十一歲（一九五八）便被母親宮粉紅安排到電懋公司拍戲，她並成為您的經理人。電懋是屬於國語片系統，您對這有什麼印象？它跟後來您改投的粵語片系統有什麼分別呢？

陳：我那時候很小，其實不是很懂，就是電懋的《童軍教練》（一九五九）和《雨過天青》（一九五九）那兩套而已，整天都抱着好像玩的心情，完全不知道那些系統是怎樣，但他們和粵語片不同，國語片公司比較大，成本高，每一樣東西都有條理，其他的粵語片獨立公司就沒有這些條件了。但我們小時候也沒什麼，叫你去拍就去拍。他們有一個很漂亮的服裝間，有一個專人打理服裝，後來我們拍那些獨立公司的戲，規模細小很多。

鄭：您從十三歲（一九六〇）轉投粵語片公司開始至十八歲（一九六五），多是反串男角演出古裝武俠片，年產量是十多至二十套之間，是謂少俠時期。請問您怎樣看女扮男裝的演出？

奚：我記得仙姐說過：「你唔好扮男人，你就係。」我上次聽她這樣說，也覺得有一點點領悟、醒覺。

陳：我也沒有覺得我是不是在扮男人，我只是在做那個劇中人。

鄭：你年輕的時候都在扮男性。

陳：是啊！年輕的時候都在扮男性，但是那時候，正如仲文說的那樣，是在扮男性，是拍到習慣了。還有我覺得我的性格是爽朗，不是很柔弱。

善：女扮男裝是否有說服力，也是有過程的，因為觀眾看慣了她和芳芳從小就飾演小情侶，大一點就做《豆蔻干戈》（一九六六），兩個人也會談情說愛，大家不會覺得「核突」，就是很自然地接受陳寶珠和蕭芳芳就應該是一對情侶、俠侶那樣。

洛：您與李居安我也覺得挺合襯的，和于素秋拍得也很自然。其實可能導演、編劇都會根據您的特質設計，其實您很多時候都是江湖小子，出來闖一下禍，跟着慢慢成長，到後來的彩色片，就多一點天下蒼生的責任。我只是在想您那種男性的特質是從哪裏來的？您家裏又沒有什麼男性。

陳：我也很喜歡打扮得像女孩。不過我在少女階段前，一條裙子也沒有，都是褲子，我也不知道我媽媽為什麼沒有做裙子給我，總之什麼都是我媽媽拿主意的。

安：我想是您跟粉菊花學藝反串男角時打下的底子，都是不知不覺潛移默化的；加上您的個性比較調皮、爽朗，女扮男裝便沒什麼困難了。

洛：我曾在課堂講過《六指琴魔》（一九六五），因為它有一段是其他粵語片很少有的，就是主角呂麟（陳寶珠飾演）有情慾場面，兩個人躺下，然後就是暗場，跟着起來就是……因為女演員扮男裝去做，粵語長片居然敢去拍這個情節，雖然用了暗場，但是我覺得很突破。我沒有看過全部粵語刀劍片，這是我唯一看過這樣安排的，很突破！

陳：但其實那時候，也不知道什麼叫作情慾，因為我只有十幾歲，導演叫我「瞓低」就「瞓低」，你喜歡她就表現出喜歡她的樣子。因為拍的時候我才大概十七歲，其實我真是……

洛：但那段很厲害的，你不只是有兩場情慾戲，那個女子是呂麟的師母呢……

陳：是李居安飾演的譚月華。

善：但因為受了琴的擾亂，亂了性。

洛：那是多重的反叛，很違反一般原則。

從少俠到玉女

鄭：您十九歲（一九六六）開始恢復女兒身，拍攝了大量時裝青春歌舞片，單是一九六七年便有三十二部戲上演，進一步把事業推向高峰，請問這個轉型是如何發生的呢？

洛：其實這個問題我也想問您，您做玉女很受歡迎，但您扮男裝，好像《天劍絕刀》和《六指琴魔》等武俠片都好看，也很受歡迎，兩者重疊，又互有矛盾。我想在當時應該找不到另一個女演員可以這樣，好像任劍輝做不好女角，蕭芳芳也沒有男子形象。但您是男女都可以，而且古裝時裝皆可，份量也很平均，不會因為長大了不再是童星了，才「過檔」，就好像薛家燕，演童星然後「過檔」，而您不是那種情況，我覺得沒有什麼演員能像您這樣。

陳：我想我們那時候，可能一直都是在做童星，直到長大，我和芳芳一直都是做一對的，我們雖然還沒能做主角，但是譬如契爺曹達華、于素秋，又或者羅劍郎、羅艷卿他們主演的時候，我們都是做比較年輕的一對，這樣慢慢一路成長，我們也有談情片段之類的，但那是小朋友的談情，這樣就好像度過了那個尷尬的時間。

洛：轉型成功了！

陳：我想，轉型的時候，我一開始拍了些比較活潑、調皮的女子角色，像《黑玫瑰與黑玫瑰》（一九六六），而不是一開始轉型，就叫我拍些淑女、含羞答答的女性角色。如果拍那些淑女角色，我想我沒有那麼快可以轉過來。因為我拍古裝片的時候，做男性角色比較多。最初轉回做時裝時，有時候我自己也發覺演得有點生硬，我想只不過是我幸運，如女殺手、女賊黑野貓那些角色，就是以性格為主，是比較俠客的，不像芳芳那些能歌善舞的角色。如果我一轉型，就是要扮演這些角色，我一定「全軍覆沒」了。因為我不喜歡跳舞，也很害怕跳舞，但是因為市場需要，我也沒辦法，譬如有一段時期，時裝女俠很受歡迎，過了一段時間，就變成歌舞片受歡迎，我們當然要跟着市場需要走。我是最怕跳舞的，你叫我拍十場打戲，都比叫我拍一場跳舞戲好。

可能我從小生長在比較傳統的家庭，我的爸爸媽媽都是很守舊的，守舊到不行，在那時候，連上街我媽媽也要規定我幾點回來。我那時從來不會聽英文歌，也少看西片。我在那個環境中長大，思想和各方面就變得偏向比較傳統一點、中式一點，所以要我跳舞的話，我就覺得很辛苦，但是沒辦法。我的跳舞場面，就一定要在家裏先學好，不是現場的啊，但其他演員跳舞就普遍是現場教學，他們很容易就「上手」，我就很難「上手」的，所以我一定要在家裏先學好，然後到現場在拍之前再綵排一下。如果你要我即時在現場跳的話，我想一定會「過鐘」，也一定拍不成。

還有，在心理上，因為我不擅長跳舞，我會很緊張，有很多人在看，除了工作人員之外，還有影迷來看，如果跳得很「肉酸」，那我會很尷尬，所以一定會在家裏先學。我能夠跳，但是沒那種感覺，跳舞就是一定要在跳的時候，讓別人有感覺，而我就是沒有那種感覺。我是能跳，你要我怎樣跳也行，但是沒有那個美感和感覺。對了，應該說沒有那個美感。「七公主」裏每個人都能跳，除了沈芝華和我，芝華都好像比我好。馮素波能跳，芳芳能跳，薛家燕能跳，王愛明也能跳，馮寶寶都能跳，其實每個都很厲害！當然最厲害是芳芳，第二我想是家燕，反正大家都比我好。

安：這些是天生的，對身體的節奏感，有時動不了就真的動不了。

洛：也可能身體從小就是北派的那種身段。

善：要將勤補拙，但我們看的時候一樣看得很開心。

奚：很好看，看得很投入！

陳：你對我有了好感，所以沒有挑剔我。

奚：都有要求的！也是很老實說，從影迷的角度來講，很有趣，他們有時候不是有專業的要求，不是要看一場舞蹈比賽，就是想說看你跳舞的場面和前後的關係如何，你的表演想說什麼，其實跳舞也有劇情的，大家投入了那個劇情，就不會那麼計較舞姿。因為，其實跳舞場面也是配合劇情，有對白的，歌詞就是對白，只是我們沒有那麼着重。

陳：但我自己看就會很介懷，你看見幾個人在台上跳，你當然也會看別人跳的姿勢，看別人跳得怎麼樣，一比較起來，就覺得真是「唔掂」！

善：但每個人也喜歡看着你，你覺得自己跳得不好，但我們就是看着你！你是少有男性、女性都那麼有風韻！沒有另一個，就算拍國語片的凌波，一做女性就不好看，但做男性也不算是很俊俏。

洛：歌舞場景也有鏡頭，其實導演很聰明，他要捕捉的，不是您的舞姿，也不是要專業的舞者，他要一個演員、明星，用鏡位去表現魅力，其實這些魅力能傳到影迷那裏。我們寫影評時，就會在畫面裏看到某些東西出來。我也想從這裏問另一個問題，從男到女，你會比較喜歡哪一種？因為你已經扮演了很多不同類型的，有戲曲、武俠片、黑野貓等等的，那些都是動作片來的，打得很厲害，然後也有一些玉女的戲，像是《玉女添丁》那些。不過您的玉女電影和芳芳的不同，芳芳可能是孤兒，然後是書院女生；您演的是低下層，需要拼搏的女子，其實類型也很多，您自己喜歡哪種類型？其實後來武俠片您也有女裝的，我記得……

陳：我自己也不知道，其實不同種類的我也喜歡，因為我本身喜歡電影，我有興趣。其實這麼多片種，都是因為時勢造成的，最初盛行武俠片，所以我們小時候就做武俠片。長大了，別人覺得你有一定的年齡，可以做時裝片裏的少女，那就試一下少女。試完之後，又覺得我可以，我就去做。其實我沒有用什麼方式去駕馭每一個角色，可能是跟隨年齡的長大，有些玉女角色，她們也有一定的年紀，有些少女情懷，這些都是慢慢調節的。

洛：是生活經驗？

陳：是的。譬如說做男性的角色，都有慣性了，只不過是擔心轉拍時裝的時候夠不夠柔情，但是我也不是演溫柔的那種類型女子，我演的只不過是純情乖乖女。我也常常說，看我的戲，不是看女人味的，不是看女人戲，戲中沒有女人味的，只不過是看見一個很清純的形象，和一個不做作的少女，是爽朗的路線，並不是看女人味。我不是展現女人味那個路線，所以比較容易上手點。

洛：您比較喜歡做男性還是女性？

陳：我兩樣也喜歡。

奚：有沒有看過《黑殺星》（一九六七）？陳寶珠一人分飾兩角，男女也是她，很厲害哩。我想你當時自己也要記得很清楚，你到底是男是女。但你在整部戲中都處理得很好。

陳：在那個時候，可能自己沒有雜念，很投入戲中。那時候我只有拍戲而已，又不懂得去想「拍拖」。如果我有拍拖，就會分心。譬如拍戲時，又在想着男朋友怎樣怎樣，今天會不會有時間可以見到他等等，可是那時完全沒有，我就是一心一意去拍戲，所以很專注，拍完戲只是想睡覺而已。

善：你也說過，最重要的是休息，就是有機會，有幾分鐘你也要躲在一邊睡覺。

陳：我試過，譬如要拍睡覺的戲，我就覺得「發達」了，躺在床上拍戲，打光不就行了，其實別人打光很快，但是我躺在床上就睡着了，經常要有人拍醒我，其實是很累的。但可能我們是職業演員，你一拍，就立刻醒了。還有那時候年輕，精神比較充沛。反正有哪個地方可以給我睡，我就睡在那裏。我是可以立刻睡着的。

奚：最厲害就是你這麼長的頭髮，扮演男性的時候，也可以收得很好！那麼長，那麼多的頭髮，是怎樣做到的？

陳：他們的梳頭師傅，將前面的頭髮放出來，將後面的頭髮一些一些弄上去，他們將一些頭髮，一路慢慢地鋪上去，將它鋪平。

奚：真的很自然的，你不覺得有一個髻凸起，我就說這件事是很厲害的。我們怎麼會知道你是長頭髮的呢，即使我們從後面的視線看，後面也很漂亮。

善：好像是徐師傅？

陳：他們每個都很厲害，徐師傅、坤嫂。

談合作導演

鄭：我想問問，您與那麼多導演合作過，印象最深刻的是哪幾位導演？覺得哪幾位是比較合拍的？最能發揮您的演技？

陳：其實很多導演都很好。譬如說李鐵、凌雲、楚原、陳烈品、黃堯，黃堯主打志聯的那個系列。

洛：就是青春歌舞片？

陳：對，因為我簽了志聯，黃堯叔就是志聯的基本導演，我們一拍志聯的戲，就是他做導演。另外，我拍仙鶴港聯的戲也比較多，尤其是陳烈品的武俠片，例如《雪花神劍》（一九六四）。但是，品叔的人很古板。我們當年拍戲，他是不講情面的，我們拍仙鶴港聯的戲很慘，你說你當紅也不是，你說你不紅也不是，我像小女生那樣。譬如「大牌」的演員，三點鐘通告就三點鐘之後才來，我們這些「唔上唔落」的，三點鐘大通告，預計我已經全部弄好了，那我們一點多就要進去等，又不能跟品叔說，前兩場沒戲份，可不可以遲點才進去。這是不行的，你只能等，你化好妝了，就在那裏等。就算等上五、六個小時，可能也還沒到我，我也不可以說三道四。

鄭：但反而在陳烈品導演的戲裏面，你的形象是少俠。

陳：那時候我還小，只有十五六歲，但到後來我再拍他的那些戲，先有《天劍絕刀》，再而是《玉女劍》和《三殺手》。到《天劍絕刀》比較後期那些，就可以跟品叔講一點點人情了，因為那時候真的很忙，他也知道我的情況，有時候可以讓我遲一點點到。以前全部都不行的，因為仙鶴港聯的制度很嚴謹，在那時候，仙鶴港聯的戲是最「落本」的。

善：我喜歡陳烈品導演的《玉女英魂》（一九六五）。

陳：在《玉女英魂》，我就有機會穿回女裝，開心得不能形容，可以貼眼睫毛，可以「扮靚」，又不用束胸。因為我扮演男性就一定要束胸，很辛苦呢！這次就好像可以解放似的。

我想到了那個年紀，怎樣也會有些少女心，希望自己「靚」的想法。

鄭：羅斌先生他們真的做得很有特色。

陳：是的，羅斌。他們的景，你知道以前是「慳得就慳」，後面那些人可以用少一點就用少一點，但他們還是請很多的特約演員。

洛：那些鏡頭也漂亮點。

陳：因為他們很注重製作。

奚：第一間公司有美術指導，那時候董培新就是。

善：董培新幫他們畫的。

陳：他們的海報也很漂亮。

奚：董培新會造型設計，那些戲服也有考究，那些搭景也很漂亮，那些有錢人家，先上一層，才進房間。

鄭：仙鶴港聯那時候也有很多戲，像《玉女英魂》、《金鼎游龍》（一九六六）、《金鼎游龍勾魂令》（一九六六），還有九龍公司的《碧落紅塵》（一九六六）等都有寶珠姐。

安：有沒有專屬哪一間公司呢？

陳：沒有，我跟志聯有簽約，我簽了部頭合約，所以志聯的戲就一定是由我當主角，就是黃堯導演那批，像《姑娘十八一朵花》（一九六六）。

安：但您同時也可以為其他電影公司拍戲？

陳：可以，我只和志聯簽了若干部而已。

洛：和那麼多導演合作，那個年代的導演會不會教演員做戲？有沒有哪個導演影響了您？或者您印象最深？

陳：也會教的，你要先做給他看，他認為你的表達方式不夠，或者過多了，他就會告訴你。影響最深的就是李鐵、黃堯吧！也許還有楚原。其實我拍得最多的是凌雲、黃堯。

洛：武俠和青春歌舞。

陳：凌雲的電影全部都是武俠的，凌雲叔很好人的。

洛：例如《如來神掌怒碎萬劍門》（一九六五）。

鄭：《如來神掌怒碎萬劍門》很深入民心，您做那個「馬騮」袁銅。

陳：是和芳芳一起演的最後一集。

洛：那套戲很多東西可以説。就説一下歷史，曹達華和于素秋是上一代的，跟着芳芳和寶珠姐出來了，跟着下一代就是你們這些演員配曾江、朱江，歷史已經開始斷裂了。

善：雪妮都比較後期，其實雪妮那時候有一套《一后三王》（一九六三），她就做女主角，寶珠客串了一個鏡頭。

陳：因為那時候我們是簽了給仙鶴港聯，是部頭合約，但是也算是他公司旗下的，公司叫我客串一個鏡頭，我當然沒問題。而雪妮就剛簽約，公司正捧着她。

鄭：您們合作的有《碧血金釵》（一九六三）、《雪花神劍》。

善：那時候，陳烈品導演的《老夫子》（一九六五）也有你的客串，只有一個鏡頭。

陳：叫甜妹妹。

鄭：你跟楚原合作不是很多，就是《黑玫瑰》（一九六五）、《黑玫瑰與黑玫瑰》、《玉女癡情》（一九六八）、《玉女添丁》（一九六八）、《壁虎》（一九七二）等等。

陳：還有一部，南紅做我姐姐，我不是做主角，是《情海幽蘭》（一九六四）。

鄭：但是你一九七二年回來就只跟楚原合作，是因為楚原找你？

陳：就只拍了一部而已，就是邵氏出品的《壁虎》，是因為邵氏找我，我對其他導演也不熟悉。

善：我記得那時候是這樣的，邵氏給三個導演寶珠選。一個是楚原，一個是李翰祥，另外一個就好像是何夢華，因為三家姐和楚原比較有默契，李翰祥和何夢華兩個都是一直拍國語片的，所以就選了楚原。

安：但是您拍的時候知不知道是自己最後一套電影？

陳：其實只不過是我那次放暑假回來，我做了十二場大戲，是我媽媽接的，做完之後那天晚上我就要立刻去拍《壁虎》，拍到我要走之前，我就回到美國，再上課。

鄭：您喜歡哪些跟您同期做戲的演員？

陳：我做戲的年代反而沒有，因為忙着拍戲。嘉玲姐我是喜歡她的為人，很好人，我有幾套女殺手片頭那些衣服，都是她幫我想的，還有嘉玲姐的聲音很好聽，很磁性。另外我也喜歡江漢、尤敏、林翠。

安：你最佩服的藝人是不是任姐？

陳：對，還有「聲哥」林家聲我也很喜歡的。喜歡聲哥是因為他的藝術，他很有研究的，總是精益求精，很嚴謹的，和仙姐一樣，態度很認真。他也很着緊排戲，是粵劇界難得的一個長輩。

師傅任劍輝

安：請您說一下師傅任劍輝。

陳：任姐好好人的，不用說，是十全十美。任姐「脍坺坺」，很善解人意的。我們一到任姐和仙姐家裏，仙姐就很「識做」，「你師傅在裏面，你進去吧」，看見仙姐就是這樣。但一看到任姐就「攬住」你，任姐給你一種感覺就是無可抗拒。一看見她，就想「攬」住她。她給你的感覺很親切，很真，就是你一看見她，就很想將你的心事說給她聽，傾訴一下。她也會默默地聽你說話，她會關心你。當然，那個關心的程度不是濃得很要緊，因為接觸的機會不多，任姐紅的時候，我就只可以去片場看她，到了任姐退休的時候，輪到我很忙了。但是，我對任姐那份感情，就是很親切的，因為我每次去她家，她也會很關心你，會問你近況。有時候有些心事，也會和任姐說，她也會分析給你聽。但我不是經常看見任姐的。

安：她是因為您父母的原因收你為徒的嗎？那您在她身上學到了什麼？

陳：嗯。學到處事方式，對人真誠、和藹，在片場看見她對每個人都很好，沒分階級。還有跟任姐那些人呢，就是跟着任姐，服侍任姐那些人，任姐都對他們很好。任姐做戲很自然，不「作狀」。

安：她有沒有教過您？

陳：沒有正式教過，但看了她很多電影，還有接觸她的為人，和她拍戲的時候，你會看着任姐拍戲，看着她怎樣做戲。

安：但任姐會不會看了您的演出後，給些意見給您？

陳：任姐忙，沒有時間看我的電影。我曾經做過一套大戲，是「慶紅佳劇團」的，和羽佳、南紅在大會堂做，那時候我做小生，任姐和仙姐很好，過來看我，我最記得仙姐和任姐穿得很漂亮，嚇怕了我，我又不懂得什麼內心感情戲，劇本要怎樣做就怎樣做，我也沒機會問他們我做得怎樣。

鄭：您覺得任姐的藝術成就特色是怎樣的？

陳：我覺得任姐是「紅褲仔」出身，她自年輕的時候，就一直很勤奮，在旁邊看着桂名揚偷學，任姐也不是真真正正有別人「捉手捉腳」教的，都是靠自己發奮，靠自己去揣摩。任姐做打戲也很好，但她很年輕時候做的戲，我就沒怎麼看過了。你知道任姐的戲是很穩定的，還有任姐的戲很有她的特色，自然，還有入戲，就是她會很尊重她拍的每一部戲，不會隨隨便便，交「行貨」，雖然任姐以前很忙，但是任姐也會做好她的本份。

鄭：這些都在《劍雪浮生》（一九九九、二〇〇五）裏面帶出了？

陳：《劍雪浮生》沒有説到這些，《劍雪浮生》只説到任姐是怎樣認識仙姐，怎樣認識「鑒叔」羅品超，他們怎樣一起合作，以至唐滌生。當然劇裏也有説任姐在旁邊偷師學黃侶俠，我在戲中有做這些情節。《劍雪浮生》說了很多關於任姐和仙姐的事，還有說到仙姐的爸爸，「七叔」白駒榮。

安：有沒有見過「七叔」？

陳：沒有，沒見過。因為那時候我少接觸任姐和仙姐，到任姐忙的時候，任姐整天要拍戲，那我當然不會去找她。到我忙的時候，我也沒機會上去，我拍電影比較多，也跟任姐拍過幾套戲，到「雛鳳鳴劇團」成立的時候，任姐教「阿嗲」（梅雪詩）、「阿刨」（龍劍笙），及其他雛鳳成員，我只做過一個《幻覺離恨天》，雛鳳剛剛出道的時候，還有做過《碧血丹心》及《辭郎洲》一次。那時候我很忙，我排戲也只是有時間去排一下，所以任姐沒有很正統地教過我。

奚：但你是正式拜師的？

陳：我是正式拜師的。那個時候，任姐答應，仙姐又答應。

奚：你覺得自己性格上，或者其他方面像任姐嗎？因為你剛剛說一直在學她的待人處事，但是我覺得那些不是說學就能學到的，是你發自內心的，因為也有很多人說向任姐學習，但只有你與任姐經常被讚許。我覺得你們兩個人的性情可能是相近的。

洛：性情相近，就慢慢感染了。

善：如果你的心不單純，沒有虛懷的心，是學不到的。一個是任姐、一個是寶珠，就是真的從來沒有一個人說你們不好，在這行裏面，沒有人說過你們不好。但其他的，都有說過很麻煩，但是你們沒有，就是每個都是稱讚你們，所以我覺得不只是學，而是你裏面有那樣的東西，然後就可以發揮出來。

陳：我想我的性格與任姐有些相似，就是我們都不計較，可能從小出來的環境，令我對人及對事要真，不要計較、不要看輕別人。因為自己小時候拍戲，整天也會給別人欺負，當時是哭過之後就沒事，也不會記住哪個曾經欺負我什麼的，可能經歷過這些，將來長大後如果有了成就，我想也要對人好，不可以覺得你自己獨當一面，紅了就要欺負別人，或者向人「擺款」。還有，我就是很簡單，我很容易滿足的，很少東西就可以很開心。

奚：這更加難得，因為你已經有很多影迷，你是給別人追捧的，很容易被寵壞。你這麼多年了，「陳寶珠來了」，萬人空巷，每個人都在捧你，你還是這樣，你說是不是難得。

洛：其實這點很重要，一定要強調。一個演員本身的性格，可能會影響到她的演藝，譬如任姐的演藝好像是一個謎，沒有系統，沒有一步步寫清楚，一出道她就渾然天成，但渾然天成一定是有原因的，不會是石頭裏爆出來的。可能寶珠姐的情況也是這樣，於是就可以展現出某種神韻出來。

善：因為她們是有諸內，形諸外。形就是透過她們的演繹，那種氣場是可以散發出來的。在我小時候，有這麼多明星，林鳳、蕭芳芳等等，為什麼只有陳寶珠，你一看見她，就像看見任姐一樣，很想在她身邊。這麼多年，從小時候開始喜歡到現在，是很緊張想知道她的情況，她開心我們就很開心，她不開心我們就很擔心她會怎樣，就像你是被她牽引住，不只是她做戲做得好，樣子甜美，是裏面有一樣東西真的能觸動到你，這個就是很厲害的東西。

洛：我覺得我是隔比較遠一點的距離，就是解釋一個演員在舞台上的魅力，或是她的成就究竟是怎樣，人不是一生出來就什麼都會，一定有一些因緣，一定有一些因由，你提出來的重點非常好，可能接近我們說演藝理論裏面的本色研究，那個本色就在台上面，當然我不是否定很努力在台上做戲的人，始終是一種技藝。現在想發掘的是，從任姐到寶珠姐，那種渾然天成背後是怎樣解釋的呢，就是那個性格。

電影生涯

陳：從小被人看不起的話，會激發你的心。你會記得別人冷落你、看不起你的時候，你的那種難受，會令你覺得將來不要令人這般難受。我有試過，不過這個已經說過很多次：試過接過一套戲，排好了所有期，每天都在等，雖然也知道不是每天都有戲拍的，但也會想為什麼今天沒有我，明天為什麼還沒到我，原來到最後，整部戲都沒有我，換了另外一個人。因為你是小角色而已，所以沒有人在意，更不會通知你。你就會覺得，有朝一日，如果有機會的話，一定不會令人家難受，因為自己知道那個難受，那種不舒服。

奚：我想最難得的是，你這種看法，是很個人的性格，或者是你自己的品德，可以直接反映在你那短短十年，不是很長的電影生涯中，其實說長不長，說短不短，起碼有二百套戲，有不同的戲種，不同的角色。

鄭：主要是一九六〇年到一九七〇年。

奚：那二百多齣戲，就是那十年而已，但你的戲種很多，角色也多，我就覺得很碰巧，因為你在電影裏角色的性格也好，表現也好，恰恰又可以反映你真實的性情，真是很匹配。當然影迷是能夠看得到你的性格，她們就是喜歡你的性格，因此不是只喜歡一個角色而已，根本上角色和你的真人，已融為一體。

陳：我覺得我們那個年代，就是我們那一輩像七公主，其實每個都很單純。其他的我不說了，因為我不熟悉他們，但七公主確是每個都很純，所以心裏不會不平衡，或者有妒忌心。那時候我和芳芳最忙，其他的公主也知道，但不會明爭暗鬥，我們那時候真的沒有。當時電影造勢登台，只有我和芳芳包攬，兩條院線陳寶珠，兩條院線蕭芳芳，做來做去都是我們兩個。同時也有嘉玲姐，丁瑩也有，但是丁瑩是屬於嶺光影業公司的，就是簽死約的。她們也不會和我們有什麼過節，而且丁瑩的戲路也是不同的。陳齊頌、江雪，她們也有一條院線的。

安：您最初出道不是很懂得做戲，NG 或者做得不好時，有沒有被別人罵？

陳：有的，害怕的。那些導演會罵人，尤其是你撞期，那會很害怕。你難得有套戲，但就覺得很擔心，因為晚點有另外一組，又不敢跟導演說，就跟副導演說，「某某叔，我一會兒要幾點鐘走，可不可以先拍我，或者……」，也不敢說的，你這樣的一個「嚫妹」，又害怕，又不敢跟導演說，你想找死嗎？就叫副導演跟導演說說。

安：您自己喜歡哪套戲？

陳：沒有哪套戲真的是可以做到很像戲裏面的劇中人，都是做到皮毛而已，真的。

安：您不要謙虛。你自己覺得滿意就是。

鄭：我在另一些訪問中見您說當時滿意的是《七彩胡不歸》，還有《玉女添丁》。

陳：我喜歡，因為是大製作，就好像比較容易把握。《七彩胡不歸》是古裝，《女殺手》那些是打戲，行俠仗義。還有就是《玉女添丁》，很活潑，比較容易拿捏。

鄭：您拍很多武俠片，您那時會不會看武俠小說，或是追武俠小說？

陳：都有追武俠小說的。那時候看諸葛青雲，但沒有看金庸。

鄭：您好像拍過金庸的《倚天屠龍記》（一九六五）。

陳：《倚天》裏逑姐（陳好逑）做趙敏，我做周芷若，但是我知道自己做得不好。

鄭：六十年代您做那麼多戲，有沒有時間看其他電影？

陳：沒有。連睡覺的時間也沒有。但有時候會去看自己的戲，開了場才進去，還沒散場就離開。那時候我坐私家車，譬如我姐姐開車，我坐前座，我要坐低些，縮起來，你知道以前人們很少看見明星，他們真的很瘋狂！

安：六十年代，您和芳芳最紅，也引發各自的影迷互相攻擊，其實您與芳芳很明顯是兩種風格。

陳：其實是沒什麼大事，但有點尷尬。因為我們在片場，兩批影迷，芳芳的影迷看見我，就「掘住」我，我的影迷見到芳芳又「掘住」她，其實我們兩個都有跟他們說不要這樣，因為我們也很難做。有時候去一些場合，好像剪綵什麼的，會「搣」你，「搣」你的頭髮。其實那時候不只是芳芳的影迷，凌波的影迷也「鬧」我。

安：您跟凌波也沒合作吧？

陳：因為她也是做男性，反串，凌波的影迷也不喜歡我。

善：我最記得我在金華戲院看《彩色青春》（一九六六），我有點錢，買樓上，寶珠出場，看見那些鞋扔落銀幕，輪到芳芳出場，也看到那些香蕉扔落銀幕。

奚：有噓聲說：「燒清光，燒清光！」

陳：她被叫做「燒雞芳」，我就被叫做「肥豬脾」。因為那時候我的大腿位置是肥的，我的身形不夠芳芳美，我們做《七彩胡不歸》，有一場戲回去見媽媽，沒有芳芳，芳芳的影迷就不知道去哪了，到「逼媳」那場，我的影迷都去了廁所，那時候是鬥到這樣。

安：那是不是兩種來自不同背景的戲迷？

陳：比較西化些的，就會比較喜歡芳芳。那時候是這樣，其實在那個年代，也只有我和芳芳。家燕還未冒起，雪妮也是。

善：你想一下，那時候港聯想拍《碧血金釵》和《雪花神劍》捧雪妮，但結果兩套戲都出動你，還有不少人，譬如《碧血金釵》有于素秋、陳好逑，但結果人人就記得你。然後《雪花神劍》人人最後就記得陳玄霜。所以是很厲害的！

奚：其實觀眾是懂得分的，我那個年代就是跟我契家姐去看你的戲，她比我大六歲左右，她也真的是在工廠裏打工的，我也認識她很多姐妹。當時我才十歲、八歲，現在回憶起來，她們對你的感覺不是純粹看一個電影明星，她們會「寶珠姐」前，「寶珠姐」後，雖然從未見過你。我相信是因為她們買很多報紙、雜誌，就是跟你跟得很足，不是說看一套戲就算了，一天二十四小時，無時無刻都在談論。那時候還沒有電視，只可以看戲，一天可以看三齣。

盧：我的堂姐好像也存了您一千多張照片。放假時她吃完早餐，十二點半就看一場戲，然後休息一下，五點多又看公餘場、特別場，然後七點半再看一場，飯都不捨得吃，還是看同一齣戲。因為同一齣戲起碼做一個星期，她們一天可以看幾場的。

奚：他們禮拜日休息，看戲就成了主要娛樂。

洛：影迷文化值得了解，有些是因為媽媽迷某一位明星，女兒才跟着迷上。我想我的學生沒有理由會知道任劍輝的，但是他們卻是知道，他們說因為媽媽看。我也有研究過幾位明星，例如任劍輝、寶珠姐、張國榮，這個都是跨代的，他們可能小時候聽媽媽說，長大了看回以前的演出。因此我教書的時候，有時會說起一些片段，他們竟然也會有感覺！

陳：是媽媽看，所以現在有時候出去拍照，有些比較年輕的，問我可不可以和他們拍張照，我說可以，再問他們說是幫媽媽拍，還是幫婆婆或是奶奶拍。有時他們說，我媽媽很喜歡你，有些就是說，我婆婆很喜歡你，所以要和我拍照拿回去給她們看，讓她們知道和開心一下。看我做大戲的人，有些是年輕一輩買給年紀大的看，你知道那些票也不便宜的。譬如在母親節或者生日，請老人家看。還有就是因為過去有一段時間電視台會有粵語片重播，他們就是因為看了重播，才認識了我。如果不是這樣，他們不會認識我的。

安：您有一樣東西我是覺得不可思議的，就是您很聽媽媽的話，她說什麼就什麼。她說這個好就這個好，要您去讀書就讀書。

陳：但以前人人都是這樣的。我們那個年代，都不知道什麼是反叛，而且我媽媽好嚴。

安：拍什麼戲也是媽媽定的嗎？她怎樣替您選？

陳：拍戲是她選擇的。那些片商來找她，那時候我們也有經理人，但那些經理人不像現在的經理人那麼有權威。一般是片商找到了經理人：「我想找寶珠做戲」，那個經理人就會將這個訊息告訴我媽，媽媽就看是哪間公司，拍什麼戲，談完之後，媽媽若答應就叫經理人將期給片商。我完全不知道媽媽是怎樣選劇本的，總之就是拍戲吧！我其實也沒有抗拒，因為我自己喜歡。另外，其實我早期的衣服全部都是媽媽幫我買的，或者帶我去買的。

安：您的品味是怎樣來的？

陳：剛開始時也沒有什麼品味，後期可能好一些，知道要去詩韻（Swank）買衣服，你知道 Swank 很貴的，有一個 Auntie 專門幫我做衣服，那也是媽媽安排的。那時我自己也懂得去挑一下衣服。後來我復出，就是仲文幫我做形象的，一直到現在也是。第一次是梁李少霞介紹的，我有段時間完全沒有接觸社會，我每次出席什麼場合，都不知道應該穿什麼衣服，也不知道怎麼辦，就會問仲文應該要怎樣。他知道我穿衣服只要斯文、自然就可以了。

奚：但是都要你喜歡才行，有些人會說太素或要求多花之類的。

陳：一直以來就是仲文幫我，到了一定程度，也開始「八卦」了，也會看一下別人穿着，但我也有自己的底線，我知道自己不應該穿什麼，應該穿什麼。一來，我知道自己的年紀，二來，知道自己的身份，是不可以和「後生女」差不多，她們穿得很「yeah」，你就不能穿得很「yeah」。就是我很知道這兩件事，我最終的宗旨是要大方、自然。

善： 我剛剛想說，其實寶珠一直以來也有一種很厲害的東西，就是她的含蓄，譬如「六一八」雨災的演出，一件「花喱花碌」的衣服放在她身上，也覺得很適合自然。譬如她第一次從美國回來的時候，穿了一條白色的褲子，一件粉藍色格仔衫，給人就是乾乾淨淨、大方的感覺。第一次做《劍雪浮生》在 Ritz Carlton 開新聞發佈會，我走過的時候，就想，她是怎麼能穿那套 Giorgio Armani，穿得那麼漂亮。

陳： 那件衣服很貴的，九千多差不多一萬元。我很「肉赤」呢！我現在還放着，但是真的很漂亮。

盧： 寶珠姐最紅的那個時期，有關唱片的出版，我也想了解一下。

陳： 我們沒收錢的，他們出多少隻碟，也與我無關，與現在的做法不同。粵語片年代因為很流行插曲，卻沒有說給多少天讓我們去操曲，只知道有這些插曲，然後安排幾天時間去錄音，錄音前在錄音室唱幾句就錄了，也不大理會這句你的音調準不準，比較隨便的，沒有那麼講究。

安：您共出了多少張唱片？

盧：有一百隻。不過賣斷的，什麼版權也沒有。

陳：沒有的。

盧：寶珠姐紅的程度，也可以由當時的雜誌看到。走到報攤，十本有八本都是寶珠姐做封面的。就是什麼雜誌也是，不一定是娛樂雜誌。

安：其實您有沒有看過以您做封面的刊物？

陳：有，那時候的《影壇週報》，影迷整天拿進來要我簽名。

安：那些相片是他們印的嗎？

陳：不是，在街上買的，一毫子一張。就是有人進片場拍的，拍了之後就到街上賣。

盧：在街檔、報紙檔賣，掛起來賣的。

安：您曾經自資成立紅寶影業公司，您的參與程度如何？公司共拍了多少部電影？

陳：那是我媽媽管理的，我完全沒有參與的，甚至連它怎麼成立我也不知道，總之，他們叫我拍我便拍，為期幾年而已，共拍了三部電影《玉女心》（一九六八）、《娘惹之戀》（一九六九）及《郎如春日風》（一九六九）。

息影生活

安：那時知不知道《壁虎》是最後一部？有沒有正式說這是最後一齣戲？

陳：沒有，我是先去美國登台，別人請我們去登台的。登台結束後，那時候媽媽跟我說，粵語片正經歷低潮，她就說你不如留在美國學英文。我就留在那裏，誰知道認識了老公楊占美（Jimmy）。

安：您是怎樣認識楊占美的？他當時是在讀商科的嗎？

陳：不是，他已經讀完了。他有一個朋友認識我，就來三藩市探我，他也跟着來，他的樣子就像是整天被人欺負那種，「豬仔」似的，Jimmy高高瘦瘦、一點點黑，傻呼呼的樣子，又不出聲，就是這樣：又不出聲，又很斯文、害羞。我朋友和我很熟的，好像整天都「搵佢笨」。我自己覺得這樣很不好，就產生了一個同情心，那樣就開始認識了。有一次，我到洛杉磯做大戲，他就住在洛杉磯。我在台上看到有一個人在開場後才進來，走到前面看，我才發現是Jimmy。他是不熟悉的，不懂看大戲，也來看，就是想追我吧。我就請媽媽下去，解釋給他聽。

安：這就是緣份。那場大戲是和誰做的？

陳：梁倩群，就是從香港請過去的，做了幾天而已。

洛：就是做任白那些戲寶？

陳：不是，我以前做過的那幾套，就是我小時候在孖寶劇團和梁寶珠做的戲，有時又拿一些別人的戲來做。但其實也很慘的，每天晚上不同戲，我要一早就背曲，每天做完一場，晚上就叫我姐姐陪我背明天的曲。我很擔心今晚和明天要唱的曲弄亂了。很擔心的！還有就是自己不習慣，我也不會爆肚，那時候我一定要記牢那些字。不過那時候比較年輕，記性不錯的。

善：還有因為你真的是做那行的，始終有個天份，普通人就真的不行。

安：如果不記得怎麼辦？有些之前做過的嗎？只是溫習一下就成了嗎？

陳：不是，有些我沒做過的。

安：那麼厲害！一個晚上怎麼可以？

陳：我在香港的時候，是有時間讓我讀熟的，不過去到那裏，我再重溫。演出只是幾天而已。

安：您在美國讀書的生活是怎樣的呢？

陳：一九七〇年我在美國登台後，一個人留在美國讀書，是住在一個家庭的一間房中。雖然母親沒有陪伴，但我也有朋友的。至一九七三年結婚前夕，大概讀了兩多年。這段時間，主要是學日常的英文，學多了生字。因為是成人學校的關係，同學是許多不同種族的人，當然有些中國學生知道我是誰，但是他們對我都很好，很幫我。在美國讀書，可以做回一個平凡的學生，可以自由在街上走，這是我在香港不可能的。那種感覺很新鮮，覺得學到東西，也可以應用在生活上。當時我的生活很有規律，上下午都是上學，回家便做功課，晚飯便是在寄住的家庭吃的。周末便是清理一下房間，偶而跟朋友外出逛逛。我還記得那時怕胖，中飯時只吃餅乾及一隻雞蛋，偶而會與同學去學校附近的食店吃好一點，鼓勵自己。

安：您曾在美國生活了六、七年、加拿大又生活了五年，一九九六年回到香港定居，感覺與香港有沒有不同？

陳：我覺得在那裏的文化比較開放、自由，生活上比較輕鬆一些。我自小在傳統家庭中長大的，事事要講規距，始終比較拘謹。因為地方大，見的東西也比較多，可以與不同種族的人交流，互相學習，可以與過去在香港的經歷融會一起。我也學會了自立，學會自己拿主意，因為在香港整天都有人陪，許多事都是由別人決定不用我理的。不過我始終都是喜歡香港多一些，因為總感到香港是我的家，跟同文同種的人交往始終舒服一些。雖然美國很自由，喜歡到哪裏都可以，但地方太大了，我當時不會駕車，要去遠一點的地方便要別人帶，感覺不是很方便。

但加拿大又不同，那時天經已經唸中學了，我的生活主要是照顧他，開車接送他上下課，每程車都要半小時。每星期會去唐人街買一次菜，然後把菜分類放冰箱，下午可能找朋友吃飯或者自己吃。晚上便看食譜煮飯，其實我不是很會做飯，不過很享受，書上說四人份我便四人份，也不懂得減的。你知道外國的廚房很大很舒服，吃完飯後我便洗碗收拾，我喜歡乾乾淨淨。溫哥華很像香港的，地方不是很大，搭巴士便可以了。還有我在加拿大的時候（九十年代初），有許多香港人移民當地，變成有很多中國人聚居，有小香港之稱。

洛：平日您看什麼書的？除了看武俠小說之外。

陳：愛情小說，嚴沁，我看了很多她的書，瓊瑤我也有看，但沒有嚴沁那麼多，依達我也有看。我看她們的書，總要先看結局的。你知道嚴沁那些男女主角，都很倔強的，明明喜歡又要裝不喜歡，就是死不認，我覺得一開始的時候，你把我弄哭了，我哭一會兒也沒所謂，但是結果是大團圓就好了。但如果不是大團圓結局的，就很慘、很辛苦、很失落。我買那些書，我要看一下是不是好的結局，如果結局是不好的，我便不看。我在床上看，很投入地看，邊看邊哭，不過知道它的結局是好的，那也值得。

安：亦舒那些沒有看？

陳：有，還有一個叫張小嫻。我也有看，我也有看莫言。看了幾本，挺好，特別是《豐乳肥臀》。

洛：平日空閒會做些什麼？

陳：現在是跳健康舞、拉丁舞的 Aerobic。還有去做 Flex Bar（扭力棒）。間中亦會打打麻雀、和朋友聚舊，以及看看劇集。

安：你息影至復出中間那段時間就完全沒有接觸電影圈？

陳：沒有，要照顧小孩啊。不過期間真的很少接觸娛樂圈的人，生活就好像一般家庭主婦。我在加拿大時，也有租電視劇錄影帶看，好像《家變》、《強人》。近年多兩年，我看了許多內地的劇集，覺得他們演員及製作都很出色，好像《琅琊榜》、《偽裝者》、《大好時光》、《甄嬛傳》、《芈月傳》等，看了不少胡歌的演出。

安：這些觀影經驗對您的演出是有幫助的吧！

陳：無論戲曲或電影電影劇，好的作品對演員都是有幫助的，我在香港，一有機會我也會去看上海越劇或京劇。二〇一〇年日本人東玉三郎來港演崑曲《牡丹亭驚夢》，我也有去看。

重回舞台

洛：您的兒子那時候知不知道您以前是一個很紅的明星呢？

陳：我兒子沒興趣看我的作品，因為不適合他的年代。他喜歡張國榮、劉德華。那時候他很小，在九龍塘讀幼兒班，還有幼稚園，我就去接放學，就是一個普通家庭主婦那樣。其實那個時候，經經的爺爺不喜歡我接觸外界，而且我也結婚了。但是後來，我離了婚，經經又讀完大學回來。就是有些東西機緣巧合的，高志森不知道為什麼會看中我，他請我去看舞台劇，我也去了。看了焦媛和 King Sir（鍾景輝）的《窈窕淑女》，還有謝君豪的《南海十三郎》。其實之前我也有看過舞台劇，例如《人間有情》。看完之後高志森問我有沒有興趣做，我覺得做舞台劇，是生活化的表演而已，自己覺得不是很難，加上兒子又讀完大學，我覺得可以試一下。第一個劇本我不喜歡，叫《Miss 杜十娘》，他後來再寫了一個劇本，就是《劍雪浮生》，說任姐、仙姐的，我就覺得好，想試一下。我沒做過舞台劇，也不知道要怎樣做，我看他們做，很開心的，不知道裏頭有那麼多機關，謝君豪換衣服的次數多到數不清。

奚：那套戲有古裝、時裝、大戲裝。

陳：是啊，古裝、時裝，到我自己就要命了。我開始時不知道，就說好，就去做，一做就叫我做一百場。我看《劍雪浮生》的劇本，沒有什麼難度，當時不知道那些Quick Change（快換）是很要命的。原來換衣服換到你喘不過氣來，同時又要從台左走到台右，就是要拖着幫你換衣服的人走啊走，要趕時間在一分鐘內換好，很緊湊的，不容有失，後來才知道，是那麼厲害的。不知道是不是一分鐘之內，總之很短時間內，要你從時裝變成古裝，一換衣服就有幾個人幫忙，一個弄頭，一個脫褲子。從古裝變時裝的時候，我要抹去眉尾，畫上眉；時裝扮古裝的時候，就抹了眉尾，畫成揚起。但是又覺很有趣味，因為每晚的觀眾反應都不同，你很開心的，很有趣。因為有很多人看，你知道那種激勵很重要，那些推動力，很鼓舞人。

其實那個戲歐嘉雯演的仙姐比我戲份重，但對當時的我來說，我覺得自己已經很重戲份了。記得有一晚在台上忘詞，嚇死我了，當時台上只有我們三個扮演唐滌生、任姐和仙姐，我要走出去說詞，突然間忘記了。糟糕了，我要說什麼呢？他們兩個不知道我忘詞，那我怎麼辦呢？突然間記得最後的兩句，那就說最後兩句算了。說了最後的兩句，就回去讓他們接，當時真的很驚慌。我台下的影迷就知道了，「寶珠姐，你那天忘記台詞了。」接下來的每一晚就開始害怕了，因為害怕在同一個地方又忘詞。

我又試過一次失聲，那是做完差不多七十場。早一場正在做的時候已有一點點咳嗽，只是一點點，卻沒了聲音，完全不能說話。糟糕了，那怎麼辦？只好打電話給仙姐求救，我說：「仙姐」，仙姐就說「你是誰」，「我是寶珠啊」，「不要『扮鬼扮馬』」，我就說我真的是寶珠，仙姐問我為什麼會這樣，我說我失聲了，有沒有人可以為我開聲，她說沒有，只認識一些中醫，但吃中藥也需要數天才能好。但是我當天就需要上台，後來找到了楊先生，他專門幫一些歌星打針和類固醇開聲，夜晚已可以開聲說話，但是唱不到。高志森他們有經驗，之前已錄製了一條聲帶，只好對嘴。

奚：一晚就好了？

陳：幾個夜晚，不知道兩晚還是三晚。失聲很嚴重的，不可能突然變好。我想是五十多、六十場的時候，演出第一個月時沒事，到第二個月，我要每個星期多做一場。接戲時不知道，其實有些事情我是沒想過後果的，我喜歡就去做。

奚：一百場真的不少！

陳：就是啊，我為什麼會答應做一百場?!可是，後來換衣服熟練了，還和嘉雯比賽鬥快。我們要等出場的，就看一下誰換衣服最快，誰最先站在那個準備出場的位置上。我們兩個站在那裏，你看我，我看你，都笑了。那時候覺得挺好玩的。

安：您覺得舞台劇和戲曲在表現上有什麼分別呢？

陳：戲曲是要身段漂亮，那些做手也要漂亮，唱也要唱得好，還有你的表情也要配合。舞台劇呢，其實我覺得真的很生活化，當然，我和專業演員是沒得比，人家的聲線是不同的，還有那些抑揚頓挫，但我沒有正統學過。不過舞台劇排戲的過程很好，本來演員之間互不相識，但到演出的時候，已經很熟了，有了感情，大家就很團結。那時排戲、正式演出是要報到的！到了在演藝學院做完七十場，我不捨得，哭了。就是在謝幕的時候，我哭了，我真的不捨得。

安：七十場還是一百場？

陳：演藝學院七十場。然後去沙田做了十九場。在屯門做了十一場。

洛：表演的強度呢？

陳：沒有，我也是照着電影的方式去做，我沒有他們那麼誇張的，做舞台劇的聲線與動作就是要誇張，不過我很喜歡舞台劇。

鄭：請說一下《煙雨紅船》（二〇〇〇）的情況。

陳：《煙雨紅船》製作很好。大家很認真去對待這件事，故事又特別，因為這是說那些是紅褲子出身的戲班中人，要坐船四處做戲的事情。

洛：那時候有些評論提到梁家輝和劉嘉玲，沒想到他們可以做話劇，甚至覺得劉嘉玲也會演戲，但可能角色很適合她，她又掌握到，就容易做得很突出。

陳：還有那齣劇劉嘉玲的長衫真的很漂亮，因為角色需要，而且很適合她的身份。每段都配合一個色調的衣服，真的漂亮極了！還有很多演員參加，有一群小朋友演那些在船上學戲的小孩，那時候排戲排得很厲害。真的是大製作！

安：想問問仲文，是不是真的很少有，在話劇裏要統一色調？

奚：也算少有！就算現在香港話劇團那麼多年，它那個服裝製作費還是很低的，英皇算很厲害。話劇的導演兼設計師何應豐負責做景，那時他造了隻船。

洛：何應豐造的？他平常的風格都是很怪異的，很有個人風格。

陳：我們整個團隊去了深圳，到那隻船做宣傳及排戲，很大陣仗。

洛：何應豐真的很厲害，有時候他的景是可以幫助演員演出，那怕演得不是最好，但那個景已可以令到演員成功。

陳：很大成本，只是那隻船也要差不多七十萬，我最記得那隻船，只是船頭而已。但是它真的很漂亮，可以看得出來。又譬如這一場的色調是綠色，整個配色都是綠色的，連後面那些大小角色的衣服也是。下一場是藍色，就全部都是藍色。楊受成先生也花了很大本錢。

奚：我整天都想問，最後要拋繡球給梁家輝，每次都要拋，有沒有NG過？那麼多場有沒有拋不中的？我覺得那個難度很高。好遠的，範圍是整個舞台。

陳：有的，有拋不中的。那就撿回它啊！有試過。

鄭：《天之驕子》（二〇〇六）呢？既要演，又要唱，更吃重了。

陳：很開心啊！可以做回女性，那些衣服又漂亮，仲文幫我做的鵝蛋黃色衣服，好漂亮！那種布料也很柔軟。

奚：那是雪紡。

陳：後來見鄭少秋的那一場是穿一件紅色的衣服。但大製作其實也很教人擔心的，King Sir導演的《天之驕子》，杜國威的曲詞很多，又密，又文縐縐，真的是要牢牢記住。幸運的是不用唱很多歌。《煙雨紅船》是毛俊輝做導演的，毛Sir做導演很「凶」，King Sir就好「脸」，兩個很極端的。而梁漢威做那個「鹹濕」皇帝，他很壞，每晚都會「加料」的！

他做了那個動作出來之後，再看看下面觀眾的反應如何，如果是好的，他就會「加料」，而且經常玩我。可是《天之驕子》我唱得不好，我的女聲不夠。

鄭：二〇〇六年寶珠姐您也挺忙的，當時您和中樂團有另一場表演。

陳：做完中樂團表演才做《天之驕子》的。因為我記得我在那裏要唱《天之驕子》的主題曲。

善：那個表演是亞洲國際博覽館的第一場表演。

鄭：那次多是唱任白的曲？

陳：不是，任白的只有兩首，就是一首《牡丹亭・幽媾》，還有《帝女花・庵遇》，和尹飛燕對唱，還有一首《三笑・求神》。

洛：《三笑》我有看龍劍笙那個版本的電影。以前電視每年農曆新年都播一次，一定會看到的。

安：這個構想是閻惠昌先生提出的嗎？

陳：不是，我想是高志森。碰巧亞洲國際博覽館剛剛開幕，想讓公眾知道這個場地可以做演唱會，就變成是第一個演唱會。

善：《煙雨紅船》、《天之驕子》、《我愛萬人迷》（二〇〇九）都是英皇，三個都是英皇製作的。

洛：《我愛萬人迷》我也有看。男演員是石修吧？

陳：對！石修、余安安、李香琴，還有甘國亮做導演。

安：您其實有沒有經理人的？

陳：我最初演《劍雪浮生》、《煙雨紅船》的時候有，就是梁李少霞，之後就沒有了，經理人就是我自己。

安：《劍雪浮生》裏有説任白怎樣學藝的經過，因此您也培養了新的戲迷。

陳：是啊！我想有很多人未必很清楚任姐和仙姐的認識經過。《劍雪浮生》很厲害，真的是滿座滿得不得了，觀眾好踴躍！

善：《劍雪浮生》的厲害，就是它掀起了香港年輕一代對任白和粵劇的興趣。還有那年也是任姐逝世十周年，唐滌生逝世四十周年，所以那年做《劍雪浮生》是非常有意義的。另外，還是任姐第一個入室弟子飾演她，所以那一年這件事就真的好像將整個任白、整個粵劇脈絡重新建立起來。還有就是寶珠做完《劍雪浮生》之後，香港話劇這種表演形式竟然變成了主流。

再返梨園

善：常常覺得你停了那麼長的時間沒有演戲，但好像在《劍雪浮生》裏面就已經要演折子戲。《煙雨紅船》也很厲害啊，要「掮水髮」。

陳：其實《劍雪浮生》的折子戲很短。至於《煙雨紅船》，是因為有時間給我，我們排了一個多兩個月。歸根究底，我想是底子好，因為小時候在粉菊花師傅那裏學北派武功，是基礎打得好，所以再練的時候，也是比較容易的，不過現在的筋骨就沒那時候好了。當時我先做了一套折子戲《俏・柳・紅・梅》（二〇一〇）。在紅館做，是我第一次嘗試。一開始我不想做整套，如果你給我試，我就做折子戲，看一下自己能否應付。

奚：其實緣起應該是你之前自己的演唱會。它裏面有兩個折子戲，跟馮寶寶和「阿哆」，他們就覺得紅館也可以做大戲，也有那個氣氛。那時候我就聽到他們一直想可以在紅館做粵劇。

陳：做了這個以後，就在香港文化中心做《紅樓夢》（二〇一二）。《紅樓夢》的反應很好，我做賈寶玉。其實做《紅樓夢》，我經常覺得不開心，因為我角色要不開心。洞房那場，做完之後休息十五分鐘，接着就是〈哭靈〉。洞房那場之後心情就慢慢跌下去，因為他知道她死了，一定要集中感情，要整天保持情緒，又要記住曲，所以中場休息時我是謝絕探訪的，不給別人進來，那段〈哭靈〉整支主題曲由我一個人唱，要哭得很厲害，然後再慢慢收回來，感情起伏很大。

洛：那有去看《紅樓夢》的原著嗎？

陳：我沒有。

洛：只是看劇本？

陳：看葉紹德的劇本。看過去別人怎樣做。那時候「堂哥」林錦堂每天幫我排戲，進入寶玉的感受。要正正式式出來做劇，有很多東西我也很生疏，做粵劇有很多身段、各種感情，要去學的。所以那時候堂哥就每天幫我排，因為他做過，他將經驗教給我，幫我排熟了，到蔣文端來的時候就接手排。蔣文端很忙的，不是經常有時間來跟我排戲。

鄭：平時怎樣練呢？因為她不在香港。

陳：她不在香港，就由堂哥的太太做黛玉。

奚：《紅樓夢》是一個比較小型的製作。

陳：但我們所有人的衣服都是新的。西九戲曲中心想借套衣服去展覽，我說我自己保存的，最漂亮就是洞房那件衣服，如果你借去就要幫我好好保存，我很喜歡那件衣服，寶玉那個牌也很漂亮。

安：為什麼您會演《再世紅梅記》（二〇一四）？

陳：龍劍笙不做，她身體健康問題不做，就找上我。問我做不做，我話做！其實「膽粗粗」，我完全不知道，別人以為我做不到。我就想，做就做，不熟的話可以排戲，就是這樣。

溪：我覺得時間也很充裕，那時候有整整一年的時間。

洛：挺好，我覺得需要時間的，香港的所有事情都太急了。但仙姐會從頭開始訓練？

陳：做給仙姐看。仙姐當然是要求很高的，斷斷續續地排戲，都有好幾個月。後來就密一點，鑼鼓排，都是因為我的問題，很多次都是齊人敲鑼鼓，給我信心，還有給我多點機會排練，讓我熟練些。

溪：還有，仙姐一開始都不是排練，而是談劇本、討論。

善：她那個做法很好，仙姐甚至連佈景也要演員知道。你要知道自己處身在一個什麼環境裏面，要怎樣進入那個世界。她最厲害的是劇本太熟，還有仙姐的音樂感是一流的，她會知道節奏，要遷就兩個演員，要鑼鼓跟他們，就是要音樂跟演員，而不是演員死背，跟音樂。現在粵劇有一個很難堪的現象，就是那些老倌，譬如其中的一些柱、閒，太忙了，要「搵食」，就不是每一個都可以聚在一起排，但仙姐一叫，就沒有人夠膽不去。

奚： 所以她就會找到人，小思老師（盧瑋鑾）幫她搞劇本。其他人一定要到，排舞的也要來。

安： 劇本不是唐滌生寫的嗎？

奚： 再修，很厲害的！

善： 就算唐哥（唐滌生）的也好，小思老師也會再修，覺得有些東西不對，那時候錯的不理它，但現在這分鐘開始就不能再錯，所以她會跟現在的情況重新修改。還要，現在不可以像以前那樣做五個小時，她就會濃縮到四個小時左右，她最清楚哪些可以捨棄或保留。

奚：又或者後來者改了很多，她就要改回到最初的劇本。

洛：就回到初衷，找泥印本對照。張敏慧老師不就幫她找回舊的泥印本，因為那個劇本這樣傳下來，有時間就改一些，以致面目全非。

奚：你不要以為仙姐很古老，她的節奏很快，不要慢，不要說唱大戲就要拖，她要快、爽。

安：您怎樣適應啊？

陳：害怕，哭，偷偷哭。但完了之後很開心，就是覺得終於有人認同我，最重要就是我是任姐的徒弟，不能丟師傅的臉。其實我最開心是這次做《再世》，我是以任姐的徒弟這個身份參與的。我很感恩有這樣的機會。所以有時機會來到，你就要把握，千萬不要放棄。

安：我想過程是很辛苦的。

陳：是啊，是知道害怕的，但沒想到是那麼大的一件事，總算苦盡甘來。雖然在過程中要經歷很多，遇過很多困難，但最後也克服了，而且得到認同，我是可以做得到的！他們也很諒解我，我這麼久沒有做粵劇，能夠做到，已經用了很大的努力。

安：學到一些什麼？或者有何得着？

陳：忍耐、刻苦、不屈不撓、用心。還有仙姐教了我很多事情，以前是不太了解的。仙姐教你演繹這個劇中人，將你代入，以前我們真的不知道，只有做，是啊，要這樣唱，這個要苦一點，就哭一下，但是沒將心放進曲詞裏面。融入曲詞裏面，感情就會不同。還有，仙姐常常說要給觀眾交代，以前我不懂的，要做戲就去做，但原來你做什麼，也要和觀眾交代，你要望一下觀眾，告訴他們我要做這些呢，不是你自己做就行，遠些的觀眾哪會知道你要做什麼，所以要給觀眾交代。

洛：這個觀念很像現代劇場。

陳：你要代入那個角色，當你是劇中人，熟悉劇本的解釋，唱每一句曲詞，說每一句對白，都要明白為什麼。如果你不明白，就做不出來，表達不到。

洛：其實那些詞也很深的。

陳：還有，仙姐也有說，我的手腳不靈活，可能因為我不是經常做粵劇，那就需要多點練習。

安：我很好奇，仙姐怎樣去幫您代入那個角色？她用什麼方法？這樣東西是你以前演出沒有的嗎？

陳：她靠說給我聽。但是很有趣的，當仙姐代替「阿嗲」和我排戲，那段〈脫穽〉，她做給「阿嗲」看，馬上就不同了。好厲害！當下的感覺就出來，她好像唱了一段，不知道怎樣，立刻「七情上面」，馬上眼泛淚光。仙姐常常說：「我為什麼會這麼懂這些呢？因為我整天看書，你們就不看。」

善：仙姐真的很厲害，她有一樣東西不明白，一定查根問底，問到清楚為止。有時她怕自己忘記了，就會隔兩天再問你，直到完全記得為止。如果她不再問你那個問題，你就知道她已經完全記得了。她什麼也要問、要知，總之她有不明白的就一定要問，很仔細。

奚：我常常舉她的一個例子，她和我說，他們就是不去了解那些曲詞，譬如說《幻覺離恨天》的「金獸懶添香」，你知不知道「金獸」是什麼？她說是用金造的火爐，你不明白就會亂做，把手指向天。你明白了就會知道怎樣做。

陳：仙姐叫我要多看，譬如《牡丹亭驚夢》沒有電影版，仙姐就放了一些片段給我看，但是斷斷續續的，因為她們那些是十六厘米攝錄機拍的，但是沒有聲音，有些看得到，有些看不到。

善：其實一九六八、一九六九那兩屆「仙鳳鳴」，有一些朋友幫她拍下的。但搬來搬去就不見了。幸運的是，還有幾段殘留下來。每一場都有一些片段，仙姐很緊張，讓寶珠、「阿嗲」她們一定要看。但她整天都在說，不要去學，你不要去模仿，看了之後你要去變成自己的東西。

奚：她很了解那些劇，就常常說花旦做《紫釵記》，你就只有一支釵，不需要把整個頭都插上很多釵。

陳：她說你要看多點你師傅任姐的東西，你有什麼不明白，就要問，這句不明白就一定要問，不要不問。任姐的眼神是很好的，還有走出來的那種英氣。

安：您演出完之後，她有沒有說您什麼？

陳：仙姐的答案很固定的，「仙姐，我做得怎樣」，「嗯，挺好」。

善：不過真的在《再世紅梅記》和《牡丹亭驚夢》（二〇一六）演出之後，仙姐和我說過多次，說寶珠真的很勤奮，很聰明，還有進步了很多。但她就不會當着她的面說，我說我會告訴寶珠，她就沒說話了。她不會當面說，當面她一定說你不夠好，你一定要更好。她就是要逼她們。

陳：一散場，問仙姐，做得怎樣，她不笑，你就慘了。一點點微微笑，你就還好。我們做完第一天晚上，一定要上去問仙姐做得怎樣。

善：還有她看得很細，不會只看寶珠和「阿嗲」，廖國森、阮兆輝她也看，她一看發現有問題，就會去後台說給別人聽，叫他們改。好像《牡丹亭驚夢》，開始第一場，廖國森最後離開家裏，將屋子交給尤聲普，廖國森竟然和他作了一個揖，鞠了一個躬，跟着仙姐就去後台說「你的身份怎能這樣，你是一個大官，你不應該和一個賓客這樣做，也不需要這樣做」，廖國森和尤聲普就馬上改。她會看整體，當然看寶珠和「阿嗲」就會更仔細。

陳：她可以做到給你看，不只是會說而已，她總是以身作則。

鄭：《牡丹亭驚夢》呢？

善：《牡丹亭驚夢》就不是任白慈善基金，是林建岳的。

陳：仙姐説，可能《再世紅梅記》的時候我才剛開始，會比較緊張點。《牡丹亭驚夢》也有幫我們排，但是就沒之前那麼緊張。因為戲份以文武生多一點，花旦的份量就比較少，仙姐叫我最重要的是做好〈幽媾〉那場，還有〈拷元〉，她説：「你師傅做〈拷元〉那場做得很好。」我也排了幾次給她看，仙姐也有來。她一來，氣氛就緊張得不得了，很多部份她看這樣不對，那樣不好，每個人都戰戰兢兢。

奚：有時候站在後面的人也要做戲，她很着重整個畫面。

善：她真的是從角色的身份出發，譬如説《帝女花》的〈上表〉，就是公主再回來，五百個群臣裏面，有三百個是舊臣，有二百個是新臣，當那群舊臣看見公主的時候，你的心情是怎樣呢？那群新臣看到這個場面，你又要用什麼眼光去看呢？雖然你只是站在那裏，但你也要有那個表情，讓觀眾感受到整場的氣氛才是對的。她真的是從戲劇出發。真心說，做粵劇的有多少人會理會這些「下欄」，你們就站在那裏，當佈景板就算，但她不會。其實這個做法可以幫助演員，群眾演員有氣氛的話，主角也會自然在氛圍裏面，就可以進入那個世界。

安：從您的經驗讓我們明白一個道理：原來年齡不是一個問題，藝術是無止境的，這個可以給別人很多鼓勵。

陳：其實，我想年紀愈大，演電影也好，粵劇也好，什麼也好，我想是會比較好的。人生經驗豐富點，對演出很有幫助。譬如前些年，很多人看我做戲，有些表情，我會有點放不開。現在，就「話之你」（隨便你）。叫我做就做，就豁出去了，沒有了戰戰兢兢。我想這個要到一定的年紀，才會令人各方面也成熟起來。

鄭：年紀大了，動作方面會遇到困難嗎？要花多點時間練習？還是會在一些場口「就位」？

陳：我想也要「就」一點，還有要花多點時間練習。好像以前你可以「碌落嚟」「撻落去」也行，現在就不夠膽量，怎麼敢去做？是要「就」一「就」了，譬如真要「撻」的，現在就要用手護一下，真不由你。

善：《牡丹亭驚夢》中，任冰兒和「阿嗲」做完後，仙姐立刻就說：為什麼不做那個動作，什麼什麼的！

陳：「細女姐」（任冰兒）說：「我都八十歲了。」

奚：她一下子忘記了。她只是想起從前，就覺得一定要做那個動作。「阿嗲」永遠都是徒弟，要求兩個圈就兩個圈，仙姐不會想你年紀不輕，怎樣去做。

陳：好像我〈幽媾〉那場，「阿嗲」拍我，我不是轉個身，而是要跳下去。他們也叫我不要整個身體飛起，因為現在已經不年輕了，如果你一飛起的時候，你的手，或者腳一擦傷就做不了。因為年紀問題，有些動作不能逞強，只可以避重就輕。

學無止境

洛：您再復出舞台唱大戲開始到現在，我有時候也會去看，小思給票我去看，我也同意一些評論人説的一個觀點，就是他們説您的唱腔與神態，愈來愈有任姐的那種味道和境界，甚至比龍劍笙更加接近。有資深的戲迷反映，那個腔口——因為我不是粵劇專家——他們説就是那個腔口、那種聲調，還有聲情……這些都是您後期發展出來的。譬如我以前看您的電影，和南紅合作的《再世紅梅記》（一九六八），另外就是和芳芳姐合作的《七彩胡不歸》，看這幾套和我後來在舞台看您，是不同了。

陳：當時年輕，人生經驗沒有那麼豐富，接觸的人也比較少。但這些年，人長大了、成熟了，見的事物也多了，又有很多的東西令你的思維改變了，就是有進步了。時間對我也有作用，其實我也沒有刻意去學任姐任何東西，但可能任姐做過的戲，已印在我腦海裏，有時候我一做某一個表情或者其他，我就會想起任姐的眼神，有時我在做戲，突然間好像任姐在我裏面似的。但最重要的是，任姐是很隨意的，我曾經聽見仙姐説過：我今晚走三步，我喜歡指這隻手，明天晚上可能就指那隻手，不要限定自己。這個習慣我也有的。又譬如有時候，就是一點點變化，有時候我喜歡這樣做，有時候又喜歡那樣做，當然我不會大改，很隨意的，當天晚上就即興發揮。你說的唱腔，很可能是聽任姐多了，每一次演出我也要聽任姐的戲，聽任姐很多的唱法，特別是任姐那種感情，說話的感情，還有任姐唱法的感覺，會細心去吸收。

善：粵語片時期沒有時間給你在事前練習，或者事前操練，還有那時一定會有一個身段老師教，但身段老師不一定是最好的老師，很容易流於程式化。

奚：其實也不要推到那麼遠了，就是二〇〇六在亞洲國際博覽館那次，一樣是唱《牡丹亭．幽媾》。現在回看，我覺得那個味道很不同了。

洛：我覺得是，我同意那個聲底，因為從第一套《劍雪浮生》到最近，聲底是厚了。

善：因為你每天都練，你要專心做一套戲的時候，其實在三個月前就一直操練，一個星期操練三日。粵曲是要整天唱和整天練的，你的嗓門才可以開。而且你是找師傅拉着唱，真的是自己去做功課，而不是下個月做，這個月才開始練習，你是三個月前就去操曲、讀曲，慢慢去想裏面的東西。還有，如果現在回看你年輕時候粵語歌曲片的唱腔，其實寶珠的聲底和任姐也有相似之處的。例如你和蕭芳芳的《紅線女夜盜寶盒》（一九六三），可以留意一下寶珠的聲底。其實寶珠小時候演，幫梁醒波弄蕃薯那套《亞福過年》（一九六〇），聲底和任姐就很像，如果你們去找龍劍笙初出道時的錄音，那個聲底與當時的寶珠也很相似。我最記得看《牡丹亭．幽媾》的時候，有一句是很高的，小思最初也很緊張，說寶珠要考試了。誰知道唱完後，小思開心說及格有餘，很好，去到了，因為是不容易的。要知道任姐是女生做文武生，她本來的聲音就很高，寶珠就真的是自己走出來了。

洛：我也想提及一點，像您剛才提到的年紀或者生活經驗，可能都是因素，其實在任白戲裏有一些戲，不夠經歷是做不到的，譬如說《李後主》，很多年前我寫過，我覺得龍劍笙是做不到李後主的，因為沒有走難的經驗，而任姐不同，她小時候經歷過走難、家國的危難、飄零，不是每個老倌都可以做到，就算唱到那個腔，不行就不行，所以有些事要有某種經驗，要離開了你的家，再回來，不是每個人都有這種經驗。

陳：好像你說叫我在戲裏面，對女主角很鍾情，很喜歡她，如果你叫我前幾年做，我只知道喜歡，但我不知道怎樣喜歡，根本這個人就不是我喜歡的，只是戲裏面要我喜歡她。但仙姐就說了你一定要代入角色，你當她是劇中人那樣，你很愛她，你要表達出愛她，包括在那些歌詞裏面，這也有一點幫助的。

訪問日期：二〇一六年十月九日、十二月五日

訪問地點：香港三聯書店會議室及電話採訪

我媽是個萬人迷

楊天經訪談

文—蘇美智

楊天經很小的時候，已經知道自己有一個萬人迷媽媽，還曾經有點適應不良。

他記得這個場面：六、七歲那年，放學後跟媽媽坐車上，旁邊行車線忽然飆出另一輛的士，裏頭的陌生女士搖下車窗，把頭伸出來，唏哩嘩啦地哭喊：「我終於見到你了！」他還未及反應，媽媽已經溫柔地朝窗外安撫：「乖……不要哭，現在不是見到了嗎？」

楊天經回憶當日車廂裏的小男孩：「那一刻我不害怕，只是不明白，這用得着哭嗎？我自己天天看到她耶！」

六十年代的陳寶珠貴為「影迷公主」，演出二百多部電影，單單在一九六七年便拍了卅二套。她亦剛亦柔的光影形象風靡一時，當時流傳一個說法：只要在街上喊叫「陳寶珠嚟啦」，隨時惹來重重包圍，甚至需要警察疏導。兩大花旦陳寶珠和蕭芳芳各有影迷團，在戲院看二人合演的戲，每到對方偶像的近鏡，擁躉會互噓致意，好不熱鬧……

有關媽媽在粵語長片年代的輝煌，全部在楊天經出生之前發生，並且落幕。一九七〇年，陳寶珠息影到美國讀書；一九七四年，她跟在美國認識的商人楊占美結婚；一九七五年，她誕下兒子楊天經。雖然如此，楊天經的成長歷程中一直不乏忠心戲迷的身影。

楊天經說着，笑得有點詼諧，「從小我就在媽媽的粉絲當中長大，還想過自己是不是賈寶玉，為什麼身邊總有那麼多女人？」那些影迷原本喜歡戲裏的媽媽，後來成為媽媽現實中的朋友，會在大時大節出現，有一兩位還幫忙照顧小男孩楊天經。他常常一邊玩玩具一邊觀察，發覺影迷看到媽媽，就像螞蟻遇蜜糖。然而，隨着年紀愈長，他愈感受得到影迷的真心誠意，而且他跟媽媽一樣，把她們的名字一一記牢，單是能登堂入室到家中拜訪的資深影迷就有二三十個。

亦母亦友

家裏一屋女人，還有一個原因：楊天經很小就失去爸爸。

陳寶珠和楊占美在一九八二年離異，那年楊天經七歲，「我覺得他們總會重新在一起，因為爸爸媽媽本來就不應該分開。」雖然跟爸爸相見的機會，漸漸從每周一次減至每個月一次，但童稚的他堅定相信父母依然相愛，只是怎樣也想不到，命運竟然用了最令人難過的方式來證實。

一九八六年底，陳寶珠帶十二歲的兒子到溫哥華看雪，沒想到回程便要處理前夫的葬事。她在旅途中收到前夫心臟病發暴卒的消息，痛在心裏，卻不敢向兒子透露半句。

楊天經感應得到媽媽的不快樂，但不知原委，直至飛機降落，他們竟然獲安排循特別通道離開啟德機場，他才感到加倍不安。翌日是媽媽生日，往年影迷都會熱熱鬧鬧來慶祝，可是媽媽老早就出門，回來時雙眼通紅。

「我立即追入房問她，這回她不說也不成了，因為即將出殯。她哭着說你爸走了，我呆了，然後跟她摟在一起哭。」

葬禮上，小小楊天經看媽媽打點各種儀式，看她哭得死去活來，認定從她淚眼流出來的都是愛。那以後，他感到自己要更加愛惜媽媽。兩母子一直都親密，睡前擁吻，出門牽手，即使升上初中，同學遇上會取笑，楊天經也滿不在乎。然而，他無法向媽媽敞開心扉。

這教陳寶珠很煩惱，她老在問，為什麼別的同學跟爸媽說那麼多話，你卻什麼都不說？可以把媽媽當成朋友嗎？楊天經不以為然，「那時我覺得，媽媽就是媽媽，朋友就是朋友，當然是不同的。」而且他覺得，自己在家也不是不說話，只是需要時說，「譬如她問我上學怎樣？我說不錯。」

楊天經十六歲到加拿大升學，異鄉生活加上踏入反叛期，令親子關係陷入泥沼。每日放學回家，他便直接到地窖做功課，晚餐在飯桌上與媽媽見面搭理幾句，便又退回房間跟同學聊電話，一聊便是兩三句鐘。

「那邊的讀書風氣比較自由，有時我會走堂，她勸説兩句，我聽不進去便離開。然後我開始夜歸，於是她要求我十二時前回家——不説猶可，説了我偏待到兩點才回。那陣子好像中了邪，整個人都變了。」

現在回想，他明白自己昔日把媽媽傷得很深，但當時根本不覺得有錯。對於單親媽媽帶着兒子在異鄉生活的苦，那個在荷爾蒙巨浪下的少年只覺無關宏旨。更何況媽媽從不訴苦——她是那種永遠溫柔的、講道理的、稱職的媽媽，只會躲起來哭，不會讓兒子看到自己軟弱的那面。也許從某個層面看來，不説話的兒子跟躲起來哭的媽媽一樣，都把自己藏得太好了。

家裏氣氛鬱悶。

某日，令人窒息的鬱悶終於來到爆破口。他倆因為夜歸呀缺課呀等老掉牙的矛盾，猛烈的大吵一場。晚上楊天經回房間打電話給同學，說要離家出走，倒是同學勸他冷靜。就這樣，他冷靜了一晚，翌日一早卻發現媽媽比他先一步出走了。

他在心裏怨恨：這樣就走了？要走也不說一聲?!

媽媽不在家，楊天經像換了另一個人。他非常憋悶，「其實我可以叫同學回來開派對，甚至乾脆在外面過夜不回家，但是我只窩在家中，什麼都不做。感覺很落寞、很奇怪，不知道自己在想什麼。」他知道媽媽在哪，卻不願意打電話去問，至於媽媽也沒打電話回家。

這狀態持續到幾日後的母親節。早上，他呆在電視熒光幕前，契媽來電問：「今天是母親節，有沒有預備禮物啊？」楊天經答：「早就準備了。」她又問：「要送給媽媽嗎？我過來接你去？」楊天經答：「好啊。但是如果見面了，她還是那種語氣，我立即就走。」

嘴巴滿不在乎，心裏裏其實掛念。跟契媽說完，楊天經立即便打電話給媽媽，先說母親節快樂，再說即將出發送禮物，陳寶珠只應了一聲「哦」。「那表示她還在氣」，楊天經說。

接下來這幕，成為母子關係中一個永恆的定格：楊天經從契媽家住大廈的軳門走出來，便看到陳寶珠打開了大門，怯生生的站着。他心頭一熱，當下就丟低手上的鮮花和禮物，衝過去摟着她，彼此哭訴對不起。

他記得自己這樣說：「媽媽我們不要這樣了，好不好？正正因為我們什麼都不說，才會發生這樣的事。不如以後開心不開心都告訴對方？我們來做真正的朋友？……」裏頭很多是媽媽對他說過的話。

「母親節救了我。」今日的楊天經說。

那以後，他們認真學習做朋友。漸漸地，楊天經看到很不一樣的陳寶珠：會開玩笑的陳寶珠、有點傻氣的陳寶珠、能跟他的同學打成一片的陳寶珠。

「同學最初覺得她嚴肅，見面便乖乖的叫 Auntie，但幾次之後，大家便打成一片。有一次，媽媽在樓下向樓上的我們大喊：『你咃咃蕉呀！』同學沒想到陳寶珠會這樣說話，笑彎腰地走下樓梯，她看到還要問：我剛才說錯什麼？你們笑什麼？她只是想請我們吃香蕉。」

楊天經說自己跟媽媽，已經不止於母子或是知心好友。至於認真工作的陳寶珠，他後來也在舞台上見識到了。

敬業榜樣

二〇〇一年，楊天經挾着「陳寶珠兒子」之名加入娛樂圈，隨後幾年參演了媽媽復出後多齣舞台製作，包括《劍雪浮生》和《天之驕子》等，但最深刻的，是在二〇一〇年農曆新年的演出。

陳寶珠和楊天經一起在紅墈體育館參演賀歲粵劇折子戲，首演當晚，九十八歲的粵劇名宿宮粉紅來捧女兒場，卻在即將開演時暈倒。完成整晚演出後，陳寶珠和楊天經方才獲告知婆婆已經送醫，於是從後門蹌踉離去。「彷彿每次走後門遇上的都是壞事」，楊天經說。

到達時，老人已逝，母子倆又是摟着痛哭。

製作人提議取消餘下兩場演出，但陳寶珠拒絕，楊天經自然也得追隨。「我看到媽媽的專業，也要做出自己的專業。」那次演出，他負責一個類似相聲的環節，必須上台逗笑。他強撐着繼續演出，一切尚算順利，除了一個觀眾未必留意得到的瞬間——某回他望向觀眾席時，目光不期然碰上第二行一個空位，心便亂了，為怕情緒崩潰，趕緊避開目光。後來跟媽媽說起，她也差點敗在那個空位上，好不容易穩住自己。那是兩母子一次非常難受的經驗。

「婆婆九十多歲時，依然頑強，好幾次以為她捱不下去，卻又捱過了。」楊天經說：「其實我們一家也很堅強，只是別人從表面看不出來，他們覺得媽媽柔弱，而我則是『裙腳仔』。但我們的關係可不是你們想像的那樣，譬如說，你們為什麼不去想想，其實我每次陪媽媽工作，對辛勞的媽媽來說，都是支持和鼓勵？她演出時我也在工作，我是在當她的助手和保鏢。每次出場前，我都會吻她一下，正如我每次演出前，她會吻我一樣，你們又看到嗎？」

當初陳寶珠不喜歡兒子加入娛樂圈，擔心這個圈子愈來愈複雜，只答應給兒子三年時間，但後來發現他真心熱愛演出，就沒再提起了。楊天經如今已經入行十六年，演過戲劇、擔當過體育節目主持，未來會參與內地的舞台劇演出。「愈來愈多人認識我是楊天經，而不單是陳寶珠的兒子，這是我用十六年打出來的名堂，不是靠媽媽的幫助，所以我覺得自豪。」

但他認為自己確實承傳了媽媽——承傳了她待人真誠，對上上下下都好，即使對方只是在片場的清潔姨姨。「媽媽沒有機心，疼錫為她工作的人，不吝嗇問候。這些善良，我從小已經從她身上感受到了。」

如果退後一步，以觀眾角度看陳寶珠的電影？「不瞞你說，我小時候不喜歡媽媽的電影，可能看過廿部，還不及她所有作品的十分一……」他笑着，笑了起來，說媽媽也知道。

「可是人愈大呢，卻愈想回頭看從前的演出。那時演員是怎樣演的？戲是怎樣拍的？我家訂了粵語片台，只要播的是媽媽和林家聲 Uncle 演的戲，我一定會坐定定看完。」

「現在我終於感受得到她當年的魔力，那份清純毫不造作，就是做自己。那些戲看起來舒服，因為黑白分明，不必在黑裏找白，白裏找黑。現在的演員都要在角色裏摻進很多東西，這樣無疑更豐富、更立體，但演的人和看的人都更辛苦。

「有時工作到很累，我真的覺得看一部粵語長片是很開心的事，尤其是搞笑的那些，在裏頭尋找最簡單美好的東西。」

後記

父母離異後，媽媽裙下有不少追求者，但小男孩楊天經不喜歡。「回想起來，覺得當時很自私。可是待我真正明白這個道理時，卻發現她已沒有這個心思了。」楊天經一頓，然後笑說：「但現在我又覺得她不需要了，因為有我，所以我更加要支持她、保護她。」

他在二〇一一年結婚，現在每到家庭日，便拖着兩個心愛的女人逛街。

父親陳非儂與母親粉菊花。

與粉菊花師傅合照，從排左起為沈芝華、李惠珠和陳好逑。

與師傅任劍輝及她的妹妹任冰兒合照。

與契爺曹達華夫婦合照。

與影迷們合照，攝於六十年代。

我買的第一輛車，不過卻不會駕駛，司機是我姊姊，背景是片廠。

港九各區街坊協進會籌募福利經費
新舞台戲院
寶寶劇團
經理：黃炎
劇務：黎紹德
顧問：鄧十四 易大華
主理：黃科
陳寶珠 李寶瑩 新海泉 高麗 靚次伯 艷海棠 陳醒棠 袁立祥 任冰兒 文千歲
告別藝壇祇演一台！
臨別秋波機會難逢！
靚次伯
新海泉
任冰兒
文千歲
影迷公主陳寶珠
定座電話：八六二一一二三
美雅印務 電話：三、八四八五九一
高麗
袁立祥
陳醒棠
艷海棠

右頁：1972 年息影前演出 12 場粵劇的宣傳海報。

上左：電影《影迷公主》同名原聲帶，群星，1966 年。

上右：電影《無敵女殺手》同名原聲帶，百代唱片，1968 年。

下左：《胡不歸》粵語電影原聲帶，麗歌，1966 年。

下右：《樊梨花》粵語電影原聲帶，百代唱片，1968 年。

右：與美國成人學校的同學合照。

左上：攝於美國羅省家中，1975 年。

左下：攝於加拿大，九十年代。

右上：慶祝父親生日，前排左起為細媽、父親、母親、六姨的孫；後排左起為四妹、六姨、姨甥女、二家姊、姨甥、堂兄、大家姊、天經、我、占美及姨甥女，攝於 1977 年。

右下： 與家人聚會，前排左起為四妹、我和天經；中排左起為契妹夫羅樂林、契妹寶儀和他們的女兒、二家姐、姨甥女；從排左起為妹夫、二姐夫和姨甥女的丈夫，攝於八十年代初。

左：家人合照，前排左起為六姨和母親，後排左起為表姨甥夫婦和他們的兒子、六姨的外孫女及外孫、六姨的女兒及她的孫。

慶祝母親九十大壽。

與陳善之（左一）及奚仲文（右一）合攝於兒子婚宴上，2011 年。

過年時，兒子兒媳斟茶問安。

與母親合照。

二

相伴微時境

姊妹情

幾十年怎計？

馮素波訪談

文—陸明敏

馮素波自幼加入影壇當童星，是七公主中的大家姐。她出生演藝世家，父親馮峰是六十年代粵語電影演員和導演，妹妹是同為七公主之一的馮寶寶，弟弟馮克安是功夫電影演員及武術指導。或許你未必記得她的名字，但你總能在電視熒幕上找到她的身影：可能是慈祥的母親、某位三姑六婆、毒舌的外母，又或是親切的婆婆。但除了電視明星，你可能不知道（維基百科也不會找到）她還是一位登台表演逾四十年的歌星，不斷在歌影視間遊走。她與陳寶珠的緣份，很多人會覺得是從七公主而起，然而，正確來說應是從「唱」開始。

約莫在十三四歲的時候，馮素波懵懵懂懂的跟着名京劇戲班師傅粉菊花學習京戲，當時已經在學習的「師姐」還有陳寶珠、蕭芳芳，以及作為師傅首徒的沈芝華。在馮素波的印象中，年輕的陳寶珠雖然寡言，但她的説話總能令人感到真誠。那時候馮素波與陳寶珠均已作為特約演員開始拍戲，在她們那個年紀，任誰都希望自己終有日能擔大旗當主角，年輕人少不免心高氣傲，也胸懷大志，馮素波也一樣。但陳寶珠卻有一個與眾不同的夢想：希望能靠拍戲每個月掙到一千元給媽媽作為家用。「那時候我們並不知道一千元的價值，作為一個特約演員來説，我們也沒有想過，但她認為如果每個月能掙到一千元，媽媽就能過上舒服的日子。」

馮素波接拍父母成立的寶峰影業公司開拍的電影，成為了一位電影明星。後來在馮素波的父母撮合下，七公主成立。成立的第一年，不論她們有多紅，每個月九號大家都會在密密麻麻的時間表中擠出一天時間，讓大家放假充電，也搞搞噱頭讓記者拍照。譬如出海暢泳、燒烤、去別墅玩樂，「我們會在遊艇上跳舞、唱歌、食沙律，也談談自己的疑問、少女心事。最記得有一次與寶珠坐在船頭，傻傻的問我：『大家姐呀，聰明和智慧有什麼分別？』於是我答她：『我覺得聰明是與生俱來的，智慧是後天得來的。』」但這些快樂的時光都只維持了約一年，後來各有各忙的就取消了聚會，眾人共處的時間非常短暫。馮素波認為，雖然如此，但大家感情不俗，亦無所謂猜忌及妒忌。

早期陳寶珠的電影以演反串角色為主，與蕭芳芳成為銀幕情侶。馮素波與陳寶珠只曾合作過《七公主（上下集）》（一九六七），拍完這部戲以後馮就離開了影壇，到夜總會唱歌，開始發展自己的歌途。一九六七年，她簽約到泰國登台唱歌，正式成為歌星，一唱就是十五年。在還沒有長途電話的時候，馮素波與陳寶珠就互通書信聯繫，後來馮到越南辦理簽證遇上政變，滯留一個月，在語言不通、孤苦無助時，她竟然每天都能見到陳寶珠。「那個月我到戲院看電影，幾乎全是寶珠、芳芳的戲，所以我每天都能看到寶珠、芳芳（笑），才發現原來她們很紅，後來又見到家燕擔任女主角的戲。那時我十分羨慕，同時又很高興。」

雖然馮素波與陳寶珠至今只合作拍過一套電影，但對於陳寶珠的表演風格，做了一個月影迷的她也甚有看法：「她是任姐（任劍輝）入室弟子，但不是複製任姐，她所有造詣都有她自己鑽研的一套，憑努力去做。她的反串扮相當然美，演慣有修養、文質彬彬的文弱書生，但演起女角，始終少了一份女性的優美與柔弱。我覺得她是那種，就算含住泡眼淚也是很命硬的女人，而不是楚楚可憐的女人。」

歲月添　不減當年情

鏡頭一轉，十五年以後，馮素波回港，七公主成員結婚的結婚，唸書的唸書，她發現自己與眾人已經失去了連結。後來馮素波也在加拿大結了婚，陳寶珠到美國定居。兩人及後在加拿大重聚，但見面時話題已不再關於拍戲，而是關於煮飯、湊仔、衣着，而且兩人搖身一變成了戲迷，經常討論哪套劇好看，「寶珠是一個好叻的戲迷，得閒時看內地的劇集，知道哪個演員演技好，哪個不好。現在她忙了就比較少看。」

雖然二人間中也有聚會，但要直到陳寶珠復出後，她們的聯絡、合作才愈加頻繁。一九九九年，陳寶珠復出演《劍雪浮生》舞台劇，立即招來無綫電視垂青。「無綫曾叫我問寶珠會否有興趣拍電視劇，她說：『電視劇集我就不拍了。』我想，是因為拍電視劇比較辛苦，而且那時她答應演《劍雪浮生》，或許是因為這是關於任姐（師傅任劍輝）的舞台劇，她自覺有使命去做。她這個人做事真的很有使命感。」每一次上台演出，陳寶珠都會邀請馮素波及其丈夫去看，馮素波笑言：「她演出較多，我們見面次數就較多。」

陳寶珠復出，跟着她一起長大的影迷也復出，《劍雪浮生》表演場地內外擠得水洩不通，看在馮素波的眼裏，這麼多年來影迷仍然對她不離不棄，心裏有種説不出的澎湃感覺。馮素波坦言，以前的陳寶珠會害怕見到這麼多人的場面，總想找個安全的地方躲着，不過隨着年紀的增長，也變得世故，開始懂得照顧影迷。「她會叫影迷過馬路要看車，會安排他們要這樣那樣，她的細心是（受人愛戴的）關鍵。」現在陳寶珠的影迷都懂得讓路、對車揮手，不再像以前追車般瘋狂。

「幾年過後，某天寶珠打給我，跟我説：『我有些事情想找你幫忙，我想將你的電話給某個監製。』原來她要籌備『陳寶珠嚟喇演唱會』（二〇〇三），監製後來打給我，説希望找到七公主同台演出。我覺得難得有如此機會，無論多辛苦都要落力做好。」在馮素波的心目中，陳寶珠是一個待人以禮的人，做事前總會先與別人打個招呼，覺得應該要尊重的事，她會親自去做以顯誠意。

演唱會上七公主濟濟一堂，載歌載舞，蕭芳芳即使因身體不適未能出席，亦預先拍了段支持的短片在熒幕上播放，也可見到陳寶珠在眾人心中的位置。

二〇一一年，陳寶珠在新加坡開演唱會，亦邀請馮素波擔任表演嘉賓，這次監製要求她倆表演兩段折子戲，兼且還要做手。「嚇得我立刻買對水袖回來練習！」畢竟大戲不是馮的強項，時代曲才是。監製又要求她個人要唱兩首時代曲，倫永亮大樂隊負責現場音樂。「我到倫永亮家中練歌，我問他為什麼這麼遲才告訴我要唱時代曲？他說：『寶珠姐對你好好的！』我說她當然對我好啦，她每次演唱會都會找我，給我機會上台，他說：『這次監製是不知道你會唱時代曲的，初初只找你做兩場折子戲，後來幾次開會寶珠姐都為你爭取，說大家姐唱時代曲好好聽的，為什麼不讓她唱？監製就說這次是陳寶珠演唱會，為什麼要讓她唱？她說，唱折子戲不是她的強項，唱歌才是首本呀！』這就讓我感覺到，寶珠不是一個妒才的人，會替我爭取表演機會，她不會覺得，做折子戲是她的強項，所以要壓住你，不讓你有主題發揮。後來我唱了兩首歌，《酒干倘賣無》及《王昭君》，也得到她一些影迷的認同。」

馮素波近年也持續舉辦小型演唱會，但她卻不太願邀請七公主擔任表演嘉賓，甚至不想主動邀請七公主前來欣賞，謙稱不希望借別人名氣來抬高自己。「而且我怕邀請了，但她們不來，自己的心不好受之餘，你出到聲別人説不來也不好意思。但後來寶珠的一位影迷跟我説：『寶珠姐不是這樣的人，你不出聲，難道她自己説要來嗎？』我就想，好，既然如此，就 Whatsapp 邀請寶珠、家燕前來欣賞，明明（王愛明）則要視乎其他人是否來我再邀請，因為她不太喜歡外出。我一直想着如果不能很好地替朋友打點好一切，倒不如不要邀請，後來寶珠跟我説：『傻啦，我們幾十年姊妹，怎計?!』」

一句「怎計」，就足以打動人心。大抵就是因為這種不計較、不計算的心態，才能令到大家都舒心地伴在陳寶珠的左右吧。

鑽石般的兄弟情

沈芝華訪談

文一陸明敏

沈芝華，七公主中排行第二，為眾人中最早息影的一位，現時多在外地生活，遠離幕前已久。她與陳寶珠打從十二歲起認識，同習於京劇名伶粉菊花門下，一起成長，捱過也度過了辛酸又可愛的少女時代，可以說比家裏的兄弟姊妹還要親。亦因為這份共同成長得來的親密，使她能看到平常人看不到的陳寶珠：在其他人眼中溫婉、走清純少女路線的陳寶珠，在沈芝華眼中竟是個容易呷醋、陽剛味濃的義氣仔女?!

一九五八年，沈芝華與妹妹沈月華從上海來到香港，與父母及三妹團聚。沈芝華第一次看到陳寶珠，緣於她的父親帶她去看京戲《水簾洞》（一九五八），這部戲當時來説非常有名，是頗大型的京戲，十二歲的陳寶珠在舞台上飾演美猴王一角，活蹦活跳的，年紀輕輕卻有板有眼，看得當年同是十二歲的沈芝華心裏癢癢的，「我非常喜歡，跟爸爸説，我不要唸書了，我要去學做戲！」事情當然沒那麼順利，當時跟粉菊花交學費學習的人已有大師姐陳好逑、陳寶珠、梁寶珠、蕭芳芳、李琳琳、周玲寶、梁無相等人，並不打算收正式徒弟，即不用交學費而寄宿在學校、幫忙幹活的學徒。後來得沈芝華父親的朋友推薦，加上《星島日報》編輯江玲力勸粉菊花開京戲科班收徒弟，才得以成事。沈芝華於是成為了粉菊花門下的大弟子。

拜師那天，粉菊花帶着陳好逑及陳寶珠出席，沈芝華因而正式認識了陳寶珠。

學習京戲　最害怕師傅

當時京戲非常受歡迎，原因是一九四九年中國最大的工商業城市上海宣告解放，大批上海大亨帶着資金、技術及機器來香港發展，因而形成了「上海幫」，帶動京戲等娛樂發展。粉菊花門下菁英雲集，每個徒弟後來都飲譽影壇。師傅對徒弟不論貧富，一視同仁，徒弟對師傅既敬重又害怕：如果做不到師傅的要求，無論是誰都會一鞭抽打下去，「初初學跳枱，我和寶珠和其他人各跳一隻角，翻過去，那個鞭不在你身旁真的會翻不過去，她打一下你就過去了。個個都很怕師傅，梁醒波女兒梁寶珠家裏夠巴閉啦，飲水穿衣都有工人照顧，但她見到師傅還是很害怕，她踩蹺有時累了，腳一曲師傅就打，她不理你是否梁醒波的女兒。」沈芝華笑言，那個鞭子已經改良了，以前會用鹽水鞭（長期浸在鹽水裏，打得皮開肉裂之時就會痛不欲生），後來打她們的「只」是牛鞭。

「寶珠（陳寶珠）每次去到師傅那裏特別害怕，我開門給她，還未見到她的頭她就跟我比手勢先問師傅心情如何，這樣表示高興，那樣就不高興。如果知道師傅不高興，她會不敢進去。」

陳寶珠小時候每天自己坐電車過海，然後又自己走路到北京道的京戲學校。沈芝華坦言，師傅都知道陳寶珠的家庭苦，所以特別疼她，對她特別優待，「在師傅那裏有什麼好吃的，師傅都會先給她吃。有時候師傅給我錢去買餅乾，買了回來寶珠她們就坐着吃。」師傅對她好，還有另一件事例：陳寶珠跟粉菊花學戲時雖然還未紅，但做京戲的人都知道有個陳寶珠，説廣東人唱京戲真不容易；這是因為師傅每次上台演出都會帶上陳寶珠，讓她顯顯功架。雖然師傅對陳寶珠比較好，但徒弟們都不會呷醋，也從來不會鬧交，因為見到師傅都已經怕怕了。

二人玩樂的機會也甚少，師傅非常嚴厲，禁止她們隨便去不正經的地方，更不要説出去夜總會跳舞，「如果對方會幫助師傅或對學校有貢獻，師傅就會讓徒弟到他們家裏吃飯，譬如杜月笙、孟小冬等人，那時的 Uncle、Auntie 都很疼我們這些小朋友，他們覺得我們這麼小就會做戲，很叻。每次師傅演戲，總有些人一買就買很多張戲票，又譬如票價十八元，有些人會付一百元一張，就叫紅票。那時一百元不得了啦！」不過，沈芝華和陳寶珠所謂到別人家裏「玩」，實際上也只是吃個飯，抬頭看看天花板，沒有真的去玩。直到一九六五年，七公主成立，才真正有得玩：成員不論多忙每個月都必須空出九號那一天，來一次聚會，多數約在餐館吃飯。後來有了影迷會，大家都有了各自的影迷，才能有多一些機會去玩。

沈芝華與寶珠合演的第一套戲是在利舞臺演出的《三岔口》（一九五八），沈芝華學了約半年就登台，「我與寶珠拍檔演出的京戲甚多，有一套是《武松打虎》，她演武松，我演西門慶，還有一套《神亭嶺》，我演太史慈，她演孫策，接近一九七〇年她開始忙拍電影少演京戲，後來我都自己做。」不過翻查記錄，其實沈芝華與陳寶珠合作的電影也不少，一九六〇年至一九六八年期間，幾乎每年都至少合作一部電影。

兩脇插刀的「兄弟情」

談到拍電影，沈芝華不諱言，那時她因為廣東話帶有濃濃的鄉音而經常膽怯心慌，不過如果與陳寶珠做拍檔，心裏總能定下來，「她很照顧我，經常跟我說：『不用怕，不用怕，有我在。』我覺得與她的感情比與自己的親姊妹感情還要好，因為我寄宿在校，和自己的家人分開生活，反而是跟寶珠一起長大。」

陳寶珠扮演的角色十分多元化，宜古宜今、能男能女、可剛可柔，旁人眼中的她，反串文弱書生時俊俏倜儻，演女角時清純可愛，滲着濃厚的少女味道。但跟陳寶珠一起長大的沈芝華，卻最看不慣電影中陳寶珠演繹的時裝片女角，「她演女角時我總覺得『硬堀堀』的，我從小到大都看慣了她的文武生打扮，她一蓄起長髮，穿起裙子演少女，加上時裝片走路的姿勢，我就覺得不行，不夠女人，不美。但她演古裝，不論演男角還是女角，因為她有功底，都比時裝的好。始終我們做過武生，你叫我們嗲，不要說拍電影，就算拍拖，我們都嗲不出（笑），我們的脾氣倒像男孩子，比較爽直。」

沈芝華二十一歲正值大好年華之際就退出幕前，與當時國語片明星金川結婚，可惜這段婚姻不過維持三年，沈芝華二十四歲生完小孩後就離婚。她非常傷心，過後好一段日子都沉迷賭博，打麻雀燒錢發洩，「我後生時雖然賺到錢，但後來認識了一些不好的朋友，學會賭錢，愈賭愈大，曾經輸光身上的錢，也被騙過錢，迫着要典當物品。有時我會叫寶珠幫我把東西押出去，或借錢給我。她都好好，真是無話可說。我說她好，不是因為她借錢給我，而是她每次都苦口婆心地叫我不要再賭錢，總提醒我賺錢是很辛苦的。」那時陳寶珠已經紅得發紫，但卻沒有因為沈芝華爛賭而遠離她，可見二人的關係已是兩脇插刀，絕不會在朋友低潮時疏離。

二人都曾經遇過婚姻上的挫折，好姊妹會互相傾訴，問問對方近況，開解對方，但她們之間的「兄弟情」卻是這樣的：「她遭遇什麼事，我自己知，從來見到不問，我遭遇了什麼，她都知，她也不會問我。想說的，自己會講，你問，沒有意思。」沈芝華又笑言：「我們不會說八卦的。」

薛家燕、馮寶寶、馮素波都曾經形容過陳寶珠為人「怕事」（其實更加貼切是被動及內歛），不願意作決定，問題總想交由旁人代其回答。沈芝華則覺得她從小就是這樣的：「我成日說她是作狀，明明自己可以答，我不懂答你又叫我答（笑）。小時候遇到一點小事她就會躲到後面，現在回想起來，或許是與她小時候家裏比較嘈吵，可能受過驚嚇有關，所以她才會經常縮到背後。」不過，沈芝華不禁好氣又好笑地憶述一次二人都很勇武的經驗：她們十三四歲的時候，街上好些男人總是色迷迷的，經過她們身旁總要故意揩油，用手撞她們，結果她們都很惡地擰轉頭破口大罵。即使陳寶珠「怕事」，朋友遇到困難或麻煩她也會挺身而出，「不過要她去打交或鬧交就不可能了！」沈芝華笑說。

「來我這裏，我養你」

兩年前曾發生過一件事，讓沈芝華直呼陳寶珠「小氣」，容易呷醋。

「那時我和李琳琳及某位師妹在太平館飲茶，我說這次來不要找寶珠了，因為她很忙。我打電話給陳好逑聊了兩句，後來我就離開香港。逑姐後來撞到寶珠，跟她說：『芝華來了，次次都來找我，很乖。』寶珠立刻就打長途電話給我，語調非常生氣地說：『芝華，我告訴你，你次次來都是第一個找我的，為什麼這次不找我？』我解釋極她都不聽，她講完就收線，我心想死啦，我就打電話給李琳琳，又打給我妹妹叫她替我解釋，寶珠之後就覆我長途電話說：『好啦，我不嬲你了。』她真的會很生氣，我們又真的親密到如此，我每次來都會先打給她。」

今次沈芝華回來香港，也打算「偷雞」先處理好自己的事情才找陳寶珠，結果竟又被她發現了，沈芝華笑言：「哎，我也不知道她如何查到的，她打來說：『來了呀，沒有找我。』我說，我不是不找你，只是我想處理好事情才找你。她竟說：『你知道我找了你半年嗎？』聽着她同樣生氣地訴説着，我就知道她都沒有改變過。」大概真的只有感情極好才能使一個原來溫婉平靜的人打翻這個大醋罈吧！

或許這份感情早已超越朋友，昇華為親人。沈芝華想起在某次活動之後和陳寶珠一起吃飯的情況，「不知道我為什麼説起，個個都老了，都差不多只剩自己一個人了。寶珠卻跟我説：『芝華，年紀大不要緊的，你一個人沒有地方去，來我這裏，多雙筷子，我養你。』她説的時候我心裏很感動，真的……」説着説着，沈芝華早已是兩眼通紅，淚水在眼眶打轉，聲音沙啞着説：「想不到她今時今日這個地位，還會説這樣的話，還會記住我們小時候一起長大，亦記得我對她好……」

二〇〇三年，陳寶珠舉辦「陳寶珠嚟喇！」個人演唱會，請來七公主勁歌熱舞。細心的陳寶珠早已替沈芝華選好當天表演的服飾，把她打扮得漂漂亮亮，然後用最特別的方式出場，「她嘴裏沒説，我也沒有，但大家都心照，她對我是最好的：我的衣服是最美的，師傅告訴我，我衣服的料子是華倫天奴的，我出場時從最高處出來，她上樓梯牽着我的手慢慢走下來。我們的感情不用説出來的，因為我們從小就在一起。」

這份情，如何維繫？尤其當沈芝華長期居於外地，間中才回來香港一、兩次。

「見不到，就不聯絡，也不會寫信什麼的。現在我們七十歲了，見到面還是很親熱，這麼好，從來都不會生疏。」

溫柔女子帶陽剛

蕭芳芳訪談

訪問——陸明敏

蕭芳芳，七公主中的四公主，六十年代與扮演反串角色的陳寶珠被公認為銀幕情侶，二人紅透半邊天，同時亦惹來兩派影迷互動干戈，但仍無損二人從八歲起一直相處的友誼與默契。蕭芳芳與陳寶珠，均選擇了在事業的高峰中急流勇退，後來再度復出之時，二人取得的成就更高：蕭芳芳在電影方面的發展氣勢如虹，陳寶珠亦在舞台上大放異彩，真箇讓人有那種二人在命運的旅途上結伴同行之感。是次訪問，蕭芳芳除了大談與陳寶珠的相處點滴、欣賞對方的地方、合演情侶間的默契、六十二年來的交情，更分析了陳寶珠扮演反串角色所引起的狂熱現象，在六十年代的社會中如何得以成為可能。

由於蕭芳芳近年受耳患困擾，深居簡出，是次訪問非常難得地得到蕭芳芳的文字回答，故以對答方式全文輯錄。

關於相處

問：可否談談您和陳寶珠是怎樣認識的？當時她留給您什麼印象。

芳芳：最早跟寶珠（大約七、八歲吧）是在京劇名伶粉菊花師傅的京劇學院認識的。陳好逑是我們大師姐，還有其他師兄師妹，大夥兒一起練功學戲。寶珠學武生，我學旦角，沈芝華後來加入，也學武生。

當年寶珠跟我第一次合作，是在大華戲院粉墨登場演京劇折子戲《虹霓關》。她演武生王伯黨，我演旦角東方氏。看着我們兩個小不點兒在台上眉來眼去，天真無知地想做卻做不到「情不知所起，一往而深」的表情，台下的人都笑翻了。

粉師傅對芝華是一級嚴厲，一個動作不對就連罵帶抽，但從不抽臉和頭部。對寶珠只罵不打，對我卻不罵不打直瞪眼。大概粉師傅看我一副骨瘦如柴、弱不經風的樣子，罷了罷了，不跟我頂真了。那個時代學京劇誰都得挨打，不打不成器。結果，功底最紮實就數沈芝華，然後是寶珠，最差是我（一笑）。

問：在六十年代，您和陳寶珠是最紅的明星，經常合作，當時您們的關係怎樣？一九六五年組成七公主後，接觸的機會多了，您覺得她是個怎樣的人？

芳芳：我倆從八歲到將近古來稀，由師姊妹到銀幕拍檔，再到金蘭姊妹，六十二年的交情，非同一般。「百年修得同船渡」，咱倆這緣份太難得了，尤其結拜為姊妹後，關係更深了一層。

她性格比我還要內向，幾十年如一日，總是尊師重道、循規蹈矩；傳統女性的美德在她身上體現得最為透徹。她從不擺大明星／大老倌架子；對人謙、誠、和，是她可愛可敬的地方。她對我們六姊妹都好，像個「三家姐」的範兒。

問：當時人們總是將您們二人比較，陳寶珠代表的是溫柔、純真的少女，而您代表的是時尚、潮流、西式的少女，您認同嗎？

芳芳：大家只不過是拿我倆在粵語時裝片裏的角色來作比較。不論她演較傳統的少女，還是我演較西化的女孩，都是影片製作公司特意標榜青春，吸引在工廠打工或在學校唸書的少男少女觀眾。

問：您覺得您和她有沒有相似的地方？

芳芳：我倆都能吃苦。其實七公主個個能吃苦中苦，沒有一個有「公主病」，嘻嘻！

問：您最欣賞她的地方是什麼？

芳芳：外柔內剛。記得她有一次在片場發高燒，卻一聲不吭照樣繼續拍戲。可見她是個「硬淨」的「女漢子」。服！

關於拍戲

問：您和陳寶珠演過不少對手戲，當中有些是她反串與您合演情侶。您對於她的反串角色有什麼看法？

芳芳：美國知名作家蘇珊·桑塔格（Susan Sontag）説：「陽剛的男子，帶點陰柔最美；陰柔的女子，帶點陽剛最美。」寶珠反串古裝男角，怎一個「美」字了得。真個是豐神俊秀、瀟灑倜儻，讓人着迷。

問：比起其他男演員，您覺得與她合演情侶，有何不同之處？

芳芳：六十年代，正當荳蔻年華，跟男演員演談情説愛的戲，我總不免羞怯、放不開。

可是跟寶珠演情侶，卻早已累積了八年的默契，我可以把心放在肚子裏，盡情發揮（一笑）。

問：她因反串而得到一大批女影迷的歡心，您們也因合演情侶而得到「銀幕情侶」的外號；現時已甚少這種反串的「銀幕情侶」。您覺得她這種反串在當時社會而言有怎樣的意義？

芳芳：六十年代，香港的經濟開始起飛，大量女性踏出廚房，邁進工廠，民風卻依舊樸實、保守，除了唸洋學校的女學生以外，幾乎沒人（尤其是少女）敢公開表露對異性的愛慕。這種社會壓抑，堵住了她們心裏頭被青春燃燒的激情，一旦碰上了反串男角的寶珠（在台灣則是邵氏影星凌波），這下不得了，這股憋在胸中的狂熱，便像急流破堤般奔湧出來，衝著一個女星「帥哥」恣意表達。

這種對反串男角癡迷的現象，台灣著名電影評論人焦雄屏的剖析最精闢，她說：「影迷的狂熱，應該與社會的壓抑、資訊的匱乏有關，我同意一位朋友所說，一九六〇年代台灣、香港影迷對影星（尤其同性）的癡迷是一種『安全的外遇』，既不受道德指責，又可以發洩壓抑的情慾。」

問：當時您們二人稱霸藝壇，紅透半邊天，雖然是朋友，二人或多或少會有一些競爭的心態嗎？您會視陳寶珠為競爭對手嗎？

芳芳：每個孩子踏入青少年期，都會不自覺地探索自己在環境和社會的定位，也就必須走過困惑、攀比、競爭的心理歷程。寶珠和我肯定不例外。但是，我們不會視對方為「競爭對手」，因為我們很清楚，各人的戲路不一樣。

問：您和她同樣在事業的高峰急流勇退，後來大家又回到演藝事業中，並取得更高的成就，您有看過她復出的演出嗎？

芳芳：她從加拿大搬回香港後，我就提議她東山復出，當時她說，獻醜不如藏拙。後來知道她決定復出演舞台劇，挺為她高興。那時我耳疾尚未嚴重，當然去捧場。她演任姐是不二人選，果然轟動紅火！

關於影迷

問：據說當時您們雙方的影迷之間多有紛爭，兩派影迷經常對罵？

芳芳：當時「芳迷」和「珠迷」三日一小罵，五日一大戰，是常態。最具喜劇感的一段「奇觀」，是在《七彩胡不歸》放映時，寶珠每次一出場，「芳迷」集體離座上廁所；我每次出場，「珠迷」集體離座上廁所！這是我一九六九年離開香港之後才聽朋友說的，把我笑死了！

問：您和陳寶珠怎樣看待這件事？

芳芳：我兩當年經常勸自己的「粉絲」，不要跟對方動氣動武。其實雙方影迷也都是為了愛我們才護着我們。雙方粉絲公說公有理，婆說婆有理，我倆也沒辦法……

問：您認為她為何如此得到影迷的愛戴，而且是相當長時間的？

芳芳：可別忘了，她是她影迷的「安全」初戀情人啊！（一笑）她對影迷確實很好，其中有一位成了她助手，後來又成了她閨密。我曾經跟寶珠打趣說，我寄聖誕卡給你寄了起碼十幾年，你一次也不回，怎麼影迷給你信你就回？

問：您們是否有一直保持聯絡？聽聞七公主定期會有聚會？多年來，您與她的相處方式有沒有改變？

芳芳：七公主久不久就會聚一聚。近二十年來，我跟寶珠的相處方式改變了。她跟我說話，要用筆寫下來給我看，要不然，我「一嚿雲」不知道她說什麼！（笑）

圈中難得的傾訴對象

薛家燕訪談

文—陸明敏

薛家燕，七公主中排行第五，童星出身，至今仍活躍於影視壇，獲獎無數，是大家眼中親切可愛的家燕媽媽。但樂觀開朗、積極向上的形象背後，她也曾碰到感情挫敗，幾乎放棄自己，陷入人生低谷。這時經常陪伴在她身旁開解她、聽她傾訴、給她鼓勵的其中一個人，就是陳寶珠。那段日子，陳寶珠久不久就會約她飲茶，時不時打電話來問問她的情況，談談心事。教人安心的是，陳寶珠是一個守口如瓶、牙齒當金使的人，不說八卦，不造謠生事，尤其在複雜的娛樂圈內，更是難得的傾訴對象。薛家燕活潑多言，陳寶珠沉默寡言，但二人少女時代一搭上嘴，轉眼間竟已數十載。

二人早在七公主成立之前已開始合作第一部電影《女飛俠紅姑》（一九六一）。那時馮寶寶、蕭芳芳、陳寶珠、王愛明比薛家燕早入行，已是片場的常客。在片場內不用拍戲時，幾位年紀小小的姑娘便圍坐在一起吱吱喳喳七嘴八舌講故事，你請我吃東西，我請你吃東西，大家感情要好，在薛家燕的印象中，當時的陳寶珠已是非常友善，很談得來。正因為如此「好傾」，馮寶寶的媽媽就提議，這幾個女孩不如結拜為金蘭姊妹，在當時盛行結拜的年代，這不算是什麼新鮮事。一九六五年，七公主成立，每個月九號也有聚會。

正值花樣年華，少女們聊天的話題總離不開服裝、時尚，也因為喜歡看電影而經常討論哪部電影好看。有一次，薛家燕與陳寶珠、沈殿霞去看電影，結果三人感情太豐富，完場時哭到眼腫。「我們有時會說說鬼古，聊聊哪裏有好吃的，但因為我們每天都拍戲，沒有時間外出吃飯，就會叫人買回來，或者放假去吃，有時也談談男孩子，青春少艾的那段時間是很快樂的。」薛家燕想起，仍不禁會心微笑。

作為演員和人的自我修養

雖然快樂，但拍電影的過程中也有辛酸。童星過渡至青少年之間有一段尷尬的時間，男孩子會轉聲，好些男童星因此消失幕前，女孩就比較好，沒有轉聲，那麼怎樣過渡呢？幸好那時粵語古裝片當旺，女孩子可以演反串角色。「那時寶珠反串演男角，我又反串演男角，我兩個會有共鳴：『啊，今天我們都要演男角！』我們都處於發育時期，演男角一定要紮胸，大熱天時要穿一些很厚的背心，紮到緊一緊，透不過氣來，一到休息我們便趕緊拆開！」拍古裝武打片時更見辛酸，因為很多時候都不會用替身，「我們吊威吔吊到腋下都損了，那時我們打的又不是木劍，是錦劍，有時手起刀落，一剁一拉，立刻就會流血，即刻止血後又繼續拍。」

武俠片流行過後，又到青春歌舞片，原以為會輕鬆一點，實際上當演員的也不會有輕鬆的日子——除非已再沒有人找你拍戲。陳寶珠雖擅於反串男角，但說到跳時代舞，就真的能欺負她了。薛家燕想起以往陳寶珠那段艱辛的日子：「寶珠她沒有學過芭蕾舞，反而我與芳芳均有學芭蕾舞、爵士舞，所以她那時拍青春歌舞片是很勤力的，當她覺得自己跳不出現代感時，就會多排幾次舞，自己一個人猛練，務求做到最好。」雖然如此，陳寶珠和其他幾位公主都絕不會經常嚷嚷辛苦或埋怨，因為大家都明白，有機會便要好好珍惜，盡量去發揮自己、做到最好，不然就會被淘汰。

薛家燕與陳寶珠曾經合作多部電影，一九六一年至一九七〇年期間，幾乎每年都至少合作一部電影。同為專業演員的她，又怎樣看待陳寶珠的演出風格？「她的演出風格是自然，你會看到她很落力、認真去演繹角色，熒幕上她予人親切、嬌俏可愛的感覺，其實就源於她本身的性格，觀眾喜歡看她。你說她是否很精叻？其實不是，但她會很坦白跟你說，我就是一個這樣的人。所以她能得到那麼多影迷擁戴也不是毫無道理。」寶珠迷瘋狂數十載，由壯年追到花甲之年，也全因偶像夠真誠。最近於《牡丹亭驚夢》的演出中，陳寶珠病了，台後完全不能說話。薛家燕送上清肺飲，卻因她已打類固醇針開聲，所以不能喝。台上陳寶珠沙啞着聲音唱，台下寶珠迷照拍爛手掌。為了寶珠迷，即使辛苦也要堅持完成餘下場數。

敬業樂業固然可敬，但薛家燕認為，陳寶珠作為成功的榜樣，也與她私底下對人、為人的態度有密切關係。「我在家燕媽媽藝術中心也這樣教小朋友：不論你唱歌、演戲做得再好，你對人的態度不誠懇，或者囂張、惡劣，就永遠都做不了一個成功的藝人。寶珠對人對事是很尊重的，哪怕你只是一個閒角，或者茄喱啡，她同樣尊敬你，這是她成功之處。她當時那麼紅，又受歡迎，但從來沒有囂張過，別人讚她叻，她只微笑、開心地說『多謝、多謝！』最多是這樣。」

六十年代後期，粵語片式微，各位公主的媽媽也各有各的打算，蕭芳芳、陳寶珠到美國唸書，馮寶寶到英國唸書，薛家燕則簽了日本唱片公司到日本受訓。大家分道揚鑣後，聯絡也少了，間中只靠書信來往。重新聚在一起時，陳寶珠與薛家燕都已各自結了婚，話題已由當年青春少艾的吃喝玩樂，變成家庭兒女，唯一沒變的，是大家仍然愛與對方傾心事。

怕事怕醜卻不怕辛苦

九十年代，薛家燕憑電視劇《真情》飾演好姨一角大受歡迎，有見及此，無綫、製片商紛紛遊說她去勸陳寶珠復出拍電視劇、電影，對於一向只拍電影的陳寶珠來說，拍電視劇是個新嘗試，她因為擔心不習慣其節奏而推卻，更根本的原因是，拍電視劇沒有排練可言，「她最緊張一定要有好的排練，但拍電視劇可不是這樣，今天拍完一場才收到明天的劇本，有時候甚至是『飛紙仔』，拍的時候才給你劇本，你要即時唸即刻演，她覺得未適應就覺得不如不要拍好了，她怎知自己做不做得來？她要保持她的水準。」

一九九九年復出至今，大約每年平均只出產一套大型節目如演唱會或舞台劇，由此推想，她需要用一年時間去準備一個節目，就算是姊妹都無面俾。薛家燕也不禁大笑：「我大前年跟她說，有人請我們七公主做幾場騷，結果她居然這樣平淡地說：『哦，這樣啊，可能要等到二〇一八年。』你說這……哈哈哈。因為她去年（二〇一五）已經答應做《牡丹亭驚夢》（二〇一六），至少要一年時間準備，每朝練曲、走圓台，她一定要熟記所有曲詞。」

二〇〇二年，胡楓（修哥）開演唱會，邀得薛、陳二人上台表演一段折子戲《紫釵記（花院盟香）》。薛家燕憶述陳寶珠起初害怕自己唱不好、戰戰兢兢的樣子，大概最能夠突出她缺乏信心的性格，「修哥與我們相識了幾十年，我們小朋友的時候就演他子女，做他的妹妹，然後做他情人，他辦演唱會，我們無論如何都要支持，她跟我說：『哎，家燕，怎辦？我不知怎辦才好！』我就說，你就出來行一陣吧。修哥又建議她唱一支歌，她說：『哎，我都不知我做不做得來啊！』我說，其實三家姐你簡單唱一段曲，觀眾都會拍爛手掌。她說：『我好害怕啊！好久沒有唱了！』我說不會的呀，試下啦，我就與她夾歌練習，本身大家都有個底，所以一夾出來，那晚全場的反應真的很勁，寶珠就開始有信心，咦，真的不錯啊。之後她說做演唱會，我寫包單我們七公主必定支持！」

在薛家燕的眼中，她怕事、怕醜，但絕不怕辛苦。

「初初別人跟她做訪問，譬如問到七公主有什麼活動，她會跟我說：『（小聲）家燕，你答吧你答吧。』別人問我是不是很忙，我會回答，剛從哪裏回來啦、現在在做什麼啦，總有一些可以回答。』但別人問她是不是很忙，她會答：『是呀。』就完了，當我替她答問題時說寶珠話怎樣怎樣，她也會說：『哎，不要說我說吧！』她不擅辭令，第一她不喜歡多說話，第二她很怕醜、內歛，有時怕說錯話，寧願不說。我們說笑，她就哈哈跟着笑，但如果你問她意見，她就會說，『吓，我不知道怎樣說。』」薛家燕彷彿在說着一位總是依偎着在身旁的小姑娘，帶點傻氣、天真。

薛家燕憶述，那個怕事的小姑娘臨去美國唸書時，因要還片債而默默地拍戲，一組戲拍到天光，天光了又接第二場，也不懂得拒絕導演的要求：「我們的星媽要入廠拉人才可以走，因為我們怕事，尤其是三家姐（陳寶珠）很怕事，默不作聲照拍，要她媽媽來拖她走，她自己不敢 Say No。」

最近薛家燕就跟陳寶珠在新城電台做了個關於《牡丹亭驚夢》的訪問，發現她的說話能力，大約有十倍的進步?!「我問她這部戲你們排了多久？你們感覺如何？她就叻了，不再只答『感覺幾好』四個字，現在起碼說到四十個字（笑），我跟她說：『好嘢喎！』她現在更懂得表達之餘，也變得更開放，多說了自己內心的感受。」

薛家燕坦言這個轉變，或許她與母親宮粉紅於二〇一〇年逝世有關：「她自小習慣只需專心做戲，發言權交給她的媽媽，結婚以後也是她先生說話較多，她都是小鳥依人。近期她多了機會要單獨面對其他人發表意見，別人也會給她建議可以怎樣講，她開始了解到要怎樣去表達，漸漸習慣了。」

重情重義尊重前輩

陳寶珠是一個孝順的女兒，剛入行時的志願就是要賺錢讓媽媽享福，她的媽媽亦希望她能成為一個有成就的藝人，所以悉心栽培她，她很珍惜母親給予她的教導。薛家燕笑說：「她很緊張她的媽媽，每天都會預留一些時間與媽媽相處，有時我們談天，她都會提早離去，說要回去陪媽媽。有時想約她出來，她也會說：『我今晚不出來了，我要陪媽媽打麻雀。』我見到很多事情她都會以媽媽為首位。」更難得的是，她的孝順不止對媽媽，對師傅、前輩亦非常尊敬。

陳寶珠也是一個很重情重義的人，她的怕事被動，也只限於關於自己的事情，對於照顧朋友這件事，她卻是非常主動，薛家燕笑說，除了與她吃飯時，她會不斷挾餸給別人之外，也會主動關心其他朋友，「圈中人都知道，有喜事，她怎辛苦，都來恭賀你，白事她也一定會去親自鞠躬。寶珠有這個心，她很珍惜朋友間的友情。」

「別人會問，我、芳芳和寶珠，少女時代會否有競爭？但我說不是這樣的，有競爭，但我以她們為一個目標榜樣，我知道她們的成功都不簡單，更加要向她們多學習。我們能妒忌對方什麼？她們每天只睡兩三個小時，一起身就立刻背劇本，打到手損，你見到觀眾愛她，不只是拍戲，寶珠對工作人員、影迷也是這麼真心及熱誠，才會有永久的影迷。」

「我們最近都在說，幾十年的感情非常難得，就算各處一方，我們也有聯絡，談談你生活怎樣，互相有掛念，久不久大家也問候對方、聚會，這是很難得的事。」

安忍精進

王愛明訪談

文一陸明敏

王愛明，七公主中排第六，曾被譽為「天才童星」，以演《後門》一片榮獲「第七屆亞洲影展金禾獎」最佳童星。粵語片衰落後，她與汪明荃、沈殿霞、張德蘭（張圓圓）合組「四朵金花」，近年息影。與陳寶珠同為童星出身的她，早在七公主組成之前已經互相認識。不過，認識的契機竟是因為天氣太熱？

六十年代，童星普遍程度之高，或許超乎我們想像。原因有二：一來當時政府還未落實強制教育制度，小朋友的上學時間較彈性，為了幫補家計而接拍電影，有時也得犧牲學習；二來當時電影多講家庭倫理，少不免要加插小朋友的戲份。片場裏童星很多，而王愛明就於此時與陳寶珠相遇：「不同電影的工作人員會在不同的片廠工作，通常不會見到其他組別的演藝人。不過那時片場不似現在有冷氣，熱得不得了，幾萬 watt 燈泡照着，整個片場好像鐵片屋般侷促。一到不用拍戲時，大家就開着摺凳坐在片場外，會見到隔籬廠的演員。我們幾位姊妹，不一定常常一齊合作，但就經常在片場外休息時見面聊天，漸漸認識了大家。」

組成七公主，卻也不是因為大家感情好，宣傳上的商業利益或許更是主要的原因。六十年代，七人組合並非新鮮事，當時就有「十大導」（導演組合）、「八牡丹」（女主角組合）等，以組合來宣傳算是一種潮流，「當時姊妹幾個媽媽比較熟，就說不如童星又來一個『結拜金蘭』，問我父母有沒有興趣，他們就說好呀，難得有這麼多小朋友聚在一起。我那時（一九六五）大約十五歲，雖然大家是認識的，但未熟絡到『金蘭姊妹』般的感情。」王愛明坦然，自己比較內向與慢熱，與陳寶珠真正熟絡到能成為「姊妹」，卻要到陳寶珠息影有了家庭後，一眾姊妹間中到陳寶珠家吃飯聚會時，才漸漸熟絡起來，沒有聚會的日子大家就通通電話，聊聊近況。

隨和親切 「未見過她發脾氣」

鏡頭上的陳寶珠，男裝打扮俊俏爾雅，女裝打扮清純開朗，時剛時柔，一個女殺手，就奪走了萬千影迷的心。鏡頭下的陳寶珠，對比電影中豐富多姿的角色，卻更溫婉平淡似水，說話不是很多且節奏很慢，但也總是面帶笑容，開心樂天派。談到陳寶珠為人，王愛明給出三個關鍵詞：隨和親切、才華與氣量大。

王愛明曾與陳寶珠在多部電影中合作，卻從來沒有見過她發脾氣或「黑面」：「她從頭到尾都是很隨和親切的，有些人鏡頭前鏡頭後是兩個人。有些人扮演賢良淑德的角色，但私底下性格不是，但寶珠呢，我覺得她比較貫徹，即她與角色是差不多的，我從未見過她罵人，又從來未聽過她說粗俗的話，當然她私底下不是女殺手啦！（笑）不過她曾學過北派，所以做武打片時很有功架。」在王愛明眼中，一般人或許很易做到「隨和親切」，但以當時的陳寶珠而言，氣勢一時無兩，卻沒有感到飄飄然，自以為是，不可一世，她能夠保留隨和親切的態度是很難得的。「她不會因為你是導演、製片、老闆，才對你客氣，她對其他員工，譬如服裝、梳頭、化妝、燈光、攝影、道具部等，都是很隨和的，她在片場也與其他人打成一片。」

第二點，才華，王愛明認為陳寶珠的才華比較專門。演藝人為拓展演藝事業，少不免涉獵其他範疇，如唱歌、跳舞，或影視上扮演更多不同種類的角色。這方面，陳寶珠似乎更專一，年輕時多於熒幕扮演正氣角色，息影後再度復出才轉向舞台發展。

陳寶珠演的少女，清純爽直開朗，卻絕不小鳥依人，少了女生的嬌嗲；她演的男角，風度翩翩，風靡萬千少女，卻也少了男生的陽剛味。這些「缺少」，卻成就了她在電影中的可塑性，男女角皆可。電影圈內能反串成功的人，寥寥可數。王愛明直言這不是誰都扮得來：「這個真是很奇怪，你叫我扮我也扮不來。我不知道是她本身有這個氣質，還是從她跟任姐（任劍輝）學藝的過程中慢慢培養出來的。她不是那種很剛強的男生，她很溫婉，很有文藝書生氣息，同時又散發一種真正男士少有的溫柔，女影迷直頭當她是情人！我覺得她反串很好看，近年她主要做粵劇，如果她要演花旦，我可能會手足無措吧（笑），因為我從來沒有想過。」

第三點，量度大。王愛明自言十分內向，也很少與陳寶珠單對單聊天，因為害羞，也怕主動打開話匣子。但惟獨有一次，不知怎的，二人打開了心房，談起了心事。「有一次我去加拿大旅行，當時她也剛去了加拿大，我就去她家探她，談心事，兩個人從來未試過。我們談到一些不開心的事，但她説出來，平淡如水，我知她不開心，她卻不會很生氣地控訴。我覺得她的量度在於她怎去看一件事，她覺得既然是發生了，你就要去接受，然後放下，不要再為這件事糾纏、難過、困擾，對誰都不好。她不是那種人，即你對我不好，我就生氣要報仇。她經常給人感覺很開朗、隨和，因為她很懂得去看每件事的優缺點、好壞與利弊。」

陳寶珠曾在報章訪問中坦言，與娛樂圈關係不算太好，她不喜歡應酬嗎？王愛明認為，倒要看是什麼應酬。「她私底下都不是個喜歡應酬的人，但當我們這行，有時候推卻不了，我想她也有揀選，如果是太不熟悉的人她可能不會去，但這不等於她不喜歡與人談天，我覺得她是很喜歡與人談天的，雖然不是『嗶哩巴啦』的那種。」王愛明笑言，如果吃飯時有幸坐在陳寶珠身旁，她就會不斷挾菜給你，「我說你不用太客氣啦！她說她改不到啊，慣了照顧人。」

有很多陳寶珠的影迷至今幾十年，由年輕人到做人阿嫲，仍死心塌地跟隨着她。王愛明覺得，與其他口說一套做一套的偶像不同，陳寶珠對影迷非常真誠，甚至能記着影迷的名字，相處下來就能見偶像真章，「一個偶像一閃而過的眼神，或突然發脾氣，就足以讓影迷離開。但寶珠的影迷可以死心塌地支持她這麼多年，真的不容易，我相信這不只是個人的魅力，還有她待人處事的方式。而且她對每個影迷都同樣地好，不會因為你是富有的或打工的而有所不同，這種『好』不是一時三刻或扮出來的，影迷與她相處下來就會發覺她很真誠。有時我與寶珠同車，她的影迷在門口等她，一直跟着車窗依依不捨，大叫『寶珠姐！寶珠姐！』，影迷眼中只有她一個，那種由心而發的表情，讓我覺得，好厲害啊！」

「沒有信心」成進步原動力

一九九九年，陳寶珠復出，再次踏上舞台演《劍雪浮生》。二〇〇三年，她舉辦個人演唱會，邀請了七公主同場又歌又舞，蕭芳芳來不到就在熒幕上呼應，是七公主多年來難得的聚會。不擅長跳舞的陳寶珠，在舞台上也豁了出去。「她常說自己跳舞不行，但到真正演出時我又覺得她很ＯＫ，我覺得是信心問題。」

沒有信心，陳寶珠也曾多次在報章訪問中提及對於某個演出「沒有信心」，覺得自己總是欠缺這樣欠缺那樣，但種種的「欠缺」、「沒有信心」卻成為了她前進的動力，跳舞不是強項，ＯＫ，她就去做健身、上跳舞班，把不熟悉的、沒有信心的項目練好。「可能她是為了健康，但持續去學是好的，現在她有時也要練氣，練就自己的功架與靈活，讓自己可以持續演出。」

演藝人，有天才型，也有持續努力不斷的醞釀型，陳寶珠屬於後者。多年後再次踏上舞台唱大戲，稍有差池，稍有忘詞，稍稍跟不上音樂，沒有人可以幫你，壓力之大，可見一斑。陳寶珠沒有信心，但她還是做了。王愛明覺得，「沒有信心」源於希望自己做得更好，「每個演藝人都想自己做得好些，對觀眾負責，人們買票入場觀賞，我們都希望自己能做得好，如果你有這種責任感，或者你尊重自己的工作，你一定有要求，你就會害怕自己做不到自己的要求，有少少忐忑，她不是真的沒有信心，而是要保持少少緊張感、警覺性，提醒自己要做好。」

最緊要心照

馮寶寶訪談

文—陸明敏

馮寶寶，天才童星，三歲出道至今拍攝超過二百部電影，獲獎無數。七公主中她的年紀最小，不過訪問甫開始，她就千叮萬囑，談她與陳寶珠的關係，千萬千萬不要與七公主拉上關係，因為七公主的成立只是為引起噱頭的商業決定，而她與陳寶珠篤摯的感情，並非單用七公主就能解釋一切，譬如這次，一向非常有個性的她坦言，若果不是為了陳寶珠，她不會接受訪問。

早在一九五八年以前，只有五歲卻已紅透半邊天的馮寶寶，已經與當時初出茅廬的陳寶珠合作拍攝鄧碧雲的《雙孝女萬里尋親》（一九五八）。對於小小年紀的馮寶寶來說，比她年長七歲的陳寶珠不過是眾多拍戲夥伴的其中一位，還未有什麼特別的感情。後來二人在拍戲以外漸漸增加接觸，則源於她家中排第四的姊姊與陳寶珠老友鬼鬼。她總愛跟着四家姐到陳寶珠爸爸（粵劇名伶陳非儂）的粵劇藝術學院，找陳寶珠吃紅豆冰、遊玩，中秋節有時也會一起賞月。

不過，要讓馮寶寶特別注意到這位姐姐，卻是因為得知在某次富裕人士的派對上，還未大紅的陳寶珠獨自躲在廁所哭泣。「我和寶珠都在席上，雖然那時我比她小，但我比她早紅。你知那些人啦，雖說不是跟紅頂白，但誰比較紅就會成為焦點，不會注意到其他人會否因此而有自卑感，後來我聽說，寶珠因為覺得被冷落而躲在廁所哭。自此以後我就特別留意她。」

後來馮寶寶有一段時間在新加坡、馬來西亞兩邊走，一來是為了登台，二來供她唸書的人是星馬富裕華僑。當時陳寶珠已經在美國唸書，放假時偶爾會到新加坡探望馮寶寶，閒話家常之餘，也會給她看男朋友的照片，關係要好。一九七七年後，馮寶寶唸完書從英國回到香港，當時她和陳寶珠均已各自結婚，「我送兒子上幼兒班時會途經寶珠的家，等接放學的時間，間中會到寶珠那裏吃午飯、聊天。」由此可見，二人的感情愈來愈好。

朋友之間　精神支持最重要

於二〇〇三年「陳寶珠嚟喇演唱會」，陳寶珠邀請七公主成員同台演出，一眾成員在台上載歌熱舞，除了蕭芳芳因病缺席，竟亦不見馮寶寶的身影？原來她在另一場折子戲中與陳寶珠、梅雪詩（阿嗲）演出。馮寶寶坦言，答應演出也全是為了陳寶珠。好友需要的，火裏火裏去，不過她的界線是不想跳「阿哥哥舞」（A-go-go，又稱為「時代舞」，六十年代流行的搖擺快舞），「當時我很不願意學跳，也不想在台上表演 A-go-go，因為我實在很不喜歡，我感到很孤單，因為沒有人覺得有何不妥，我的強烈反應更顯孤立離群。」

她對「阿哥哥舞」感到渾身不舒服的原因是，她認為「阿哥哥舞」的音樂旋律本身翻抄外國流行曲，卻以通俗的廣東話填詞，作為六十年代大多數港產粵語歌舞片的曲目。加上粵語歌詞的「阿哥哥」舞曲，當年在港產電影中牽強地進行了「隔代雜交文化思維合併」。「那些歌詞，一進入我耳朵，彷彿彆扭得使我骨子裏每個細胞都在拒絕執行指令！」

對於要跳「阿哥哥舞」這件事，感到非常委屈的馮寶寶，該如何是好？「跳，又感到被迫、非常受委屈；不跳，又怕寶珠為難。壓力大得令我腳軟，結果我坐下放聲大哭起來。」後來，陳寶珠找來製作單位的人研究解決方法，而馮寶寶最終選擇與陳寶珠演折子戲。「這對生旦的配搭是我自六十年代一直希望與寶珠合作的。」而這個願望最後亦得以在演唱會上實現。

不說不知道，原來馮寶寶曾在雛鳳鳴劇團與阿嗲一起練功，而且二人交情不淺。演唱會上，陳寶珠與阿嗲演《帝女花》，與她則演《劍合釵圓》。但她說來委屈，因為她認為自己「太肥」，並不想演那個因等郎歸而病到命都無的霍小玉，她比較想演服裝較美的《帝女花》，但又把角色讓給師姐阿嗲，「我是很錫阿嗲的！而且我那時儲肥來演《萬家燈火》中的鄉下婆『喜媽』。我設計『喜媽』這習慣幹粗活的角色，一定要粗線條不能太輕巧。劇集剛煞科之後，就接到通知要上寶珠的舞台，我怎能立時瘦下來呢?!所以我一路做，一路哭，都沒有選擇啊！」有否跟陳寶珠詐型？「又沒有，她叫得我做，她必定有需要，我當然會幫她啦！」

能跟馮寶寶稔熟，也是不易，因為她非常有個性，滿肚子的想法，對朋友也非常揀擇。對馮寶寶來說，陳寶珠的過人之處是「好人事」，但這其實源於缺乏信心，「如果以心理學角度去分析，（缺乏信心）是因為她是一個被領養回來的女兒。我曾覺得自己的遭遇與她的有點相似：非原生家庭成員、同樣的工作環境、所有片酬由家長操控、婚姻以離婚收場等等。但她比我幸運，她離婚後有條件可以跟兒子一起生活，而我不可以；母子分離的痛，她不需要經歷！」

馮寶寶十六歲時曾因發現自己的父親不是親生父親而大受打擊；與丈夫離婚後，又痛失兒子的撫養權。一九九七年，她嘗試去尋根。「後來我在雜誌上看到寶珠也曾經去尋根，並找回她的親人。這證明人類對自己的來源都會感到好奇。」她曾問及陳寶珠找回親人的感覺，二人探討感受多於鼓勵或安慰。

少女時代，她們聊暗戀對象；婚後，她們聊婚姻中要面對的難題。聊了數十年，話題是什麼都已不再重要，馮寶寶認為，最重要的是心照：「不須多講，每個人遇到問題都必須自己解決。（朋友之間）接納和精神支持已足夠。」

缺乏信心　成待人真誠的動力

陳寶珠從前所受過的冷眼，今天轉化成她待人真誠、照顧他人的動力，也因此而贏得眾人的友誼和信任，溫暖着陳寶珠的內心，給予她力量。「別人對她好少少，她就會很感恩，而且很努力地『經營』友誼。她有那麼多影迷，而且幾十年都能維繫感情，直到現在她每次出席活動，仍有一班為數不少的固定擁躉去為她舉旗，這種人緣、魄力及管理能力，你估這些很容易的嗎？這需要的是用心。我很佩服她能做到這件事，我就做不到了（笑），要花的時間與心力太多，我還有太多其他想做的事，實在兼顧不來。」

缺乏信心，就會怕事，也因而造就了陳寶珠「好人事」的性格。「假設我們合作組班，她是文武生，我是花旦，相信我一定是那個『管家婆』，由燈光、佈景色調及至服裝、音響，我都希望能盡善盡美，而寶珠肯定會說：『你決定吧。』你說她哪會有機會得罪人?!」馮寶寶繼續笑說：「我又怎可能有適當的性格當『好人事』呢？」

在馮寶寶眼中，陳寶珠是傳統中國女性的化身，具傳統美德如非常孝順，溫、良、恭、儉、讓兼備，是家嫂型女人。「她會覺得，這個人（陳寶珠媽媽宮粉紅）把她領回來，如果沒有媽媽，她會是什麼？當她這樣想時，媽媽是恩人，怎樣管她都是理所當然的。」有人會疑問，宮粉紅是否把錢看得比她更重要？馮寶寶認為，這需從一個更宏觀的角度去看待那個時代領養的意義，而不能單純二分式地理解為「錢 vs. 陳寶珠」。「我覺得不可以批評宮粉紅看錢看得很重。追溯至她的婚姻，她沒有生小孩，一百年前的那個年代，就算媽姐（梳起不嫁的女傭人）後期都會收養女，這是很慣常的做法，到臨終時有人送終。我想，她媽媽都是那種想法，養兒防老。」

一九七四年，陳寶珠與同在美國唸商科的香港百貨業鉅子楊撫生兒子楊占美結婚，婚後誕下兒子楊天經，可惜這段婚姻只維持了八年，那時陳寶珠才三十五歲，正值芳華正茂，又是眾人心目中的家嫂型，卻至今沒有再婚。她身邊理應不乏追求者？「這與她本身好不好無關，只是女性在娛樂圈，往往身不由己，就像是宿命，你看其他女藝人都一樣，要成功就必定有捨棄。」

這些年來，陳寶珠變得更有信心，或許與其母有關，「我想這是因為她母親去世前數年，大小事均由她去管理，她也肩負起照顧媽媽的責任。」宮粉紅晚年行動不便，身體狀況不佳，陳寶珠工作雖忙，但仍堅持親力親為照顧母親。二〇一〇年，宮粉紅出席女兒演出的《陳寶珠『俏·柳·紅·梅』粵劇折子戲賀新春》時於台下猝死，終年九十八歲，陳寶珠傷心欲絕。那時馮寶寶陪伴摯友在側，度過艱難的日子，「她媽媽可是影響了她一輩子啊！我自己雖然是基督徒，但也會陪着她打齋，希望能給予她精神上的支持。」

這麼多年來與陳寶珠的相處方式有否改變？「沒有呀，十多年前，我從馬來西亞回來香港，她知道我在哪，都會專登來找我，她常說：『這麼辛苦的路，第二個人我就不來了！』」多年來的感情如何維繫？「了解、接納、體諒、真誠、互相尊重。任何友誼都必須如此。」用心，就是建立長久關係的不二法門！

《七公主》的彩色造型。

七公主重聚，攝於九十年代初。

九十年代末聚會合照。

姊妹們為《陳寶珠嚟喇！》演唱會站台。

三

相遇戲台後

夥伴融

相識童年時

胡楓訪談

文—鄭美姿

今年八十四歲的修哥胡楓，搜尋了記憶的海洋後，不徐不疾的説：「我認識寶珠……好耐好耐以前。當時她大概七、八歲，和我一起拍戲，忘記了是當我的女兒，或是兒子，也忘記了是哪一齣戲。」

修哥説，寶珠很乖、很文靜；在戲裏他當她老爸，在戲外，他這樣向她交帶：「我叫寶珠喊我 Uncle！家燕則叫我胡楓哥哥。」

還不到幾年，寶珠揮別童星年代，步入少女時期，這個本來當他老爸的Uncle，竟變成了情人和老公。修哥自豪地説：「寶珠第一齣少女片，是和我拍檔的。由爸爸做到情人，粵語片多數是happy ending（大團圓結局），所以我和寶珠的戀愛，通常都能修成正果。」

不過內向含蓄的寶珠，跟Uncle扮演情侶談情時，卻總是尷尬拘謹，修哥笑着説：「可能少女情懷，覺得不好意思。那時的愛情戲，拖拖手、擁抱當然有，但沒有親嘴，沒有再進一步。我年資較深，有提點她，毋須緊張啊。」

在片場拍戲，修哥記得，寶珠的母親宮粉紅，總是陪伴左右。那時候拍戲的片場只有幾個，因此演員之間常會碰面，他有時會在等埋位時，去隔籬廠找朋友「吹水」，但內向的寶珠，只會乖乖地坐着等開工。

那時候分彩色片和黑白片，前者需時製作，一般拍攝期接近二十天，後者十幾日就能完工。由於拍攝的節奏和進度很快，故此演員之間的交流不算很多。但有一幕，修哥至今難忘。那天他通宵拍攝，直到早上天空一片魚肚白時始收工，他路經片場準備回家，卻遠遠地看見寶珠，一個人坐着哭。

「那時好辛苦，拍好多齣戲，日趕夜趕，我整個人其實沒什麼感覺和回憶，每日只是唸對白、演戲。但寶珠比我更辛苦。因為我當年只接拍時裝戲，但寶珠接時裝片、又接古裝片。不斷換妝，而且要紮頭。她那個辛苦到哭的畫面，至今我仍然記得。」

頓一頓後，修哥再補充：「她正在拍的那套戲，好似叫《樊梨花》。」連自己所拍的戲，也忘了戲名的修哥，卻記得《樊梨花》。粵語片年代過去，修哥和小情人寶珠，往後已很少再聚。一直到最近十幾年，他們才偶爾碰面，飯局相聚。「感覺上，寶珠比以前開朗了。我想是因為她後期復出舞台後，在演藝事業上有了新的成就，在舞台劇上又有了特別的成績，這些叫人興奮的事情，也讓她更為開朗了。」

完全沒有架子

鍾景輝訪談

訪問 — 鄭美姿

跟很多人一樣，King Sir 鍾景輝早在年輕時，已透過戲院銀幕，看過陳寶珠的戲。但真正認識她，則是在一九九九年。彼時 King Sir 應春天舞台之邀，執導舞台劇《劍雪浮生》，而寶珠則在劇中飾演任劍輝一角，那是 King Sir 與寶珠的第一次合作。回想一起共事的日子，King Sir 足足講了同一句話六次：「寶珠姐是完全沒有架子的。」

訪問時 King Sir 剛完成手術休養，訪問只以短訊錄音進行，故非常簡短。

問：你和寶珠結緣於《劍》劇，可否談談當年合作的回憶？

King Sir：當初我得知寶珠姐主演時，其實有些擔心，因為當年對我來說，未試過跟如此有名氣的大明星合作，我生怕合作不來，更憂慮自己是否能抵受大明星的脾氣。但一見面，我們就聊天，已經產生一種和洽的感覺。合作後始發現，她雖然是大明星，但一點架子也沒有。不論導演有何要求，她都盡量嘗試，對工作非常認真也很勤力，很想做到最好，很多演員會不敢試，但寶珠對自己要求很高。我好感激寶珠姐，令這套舞台劇不論是排練還是演出，都非常順利。

問：寶珠息影前主要演出電影，《劍》卻是一齣舞台劇，需要更大的能量爆發，你如何看她在舞台上的表現？

King Sir：寶珠姐本來演電影和戲曲，當年復出轉演舞台劇，並不是容易的事。但她能把自己過往在電影和戲曲上的風範和經驗，帶到舞台上。她甫踏台板，就表現了自己的台風，這絕非人人都能做到的。她站在舞台上時，擁有一股很大的能量，一釋放出來，就直達觀眾之間。

演員的自我修養

梅雪詩訪談

文一陸明敏

梅雪詩，人稱阿嗲，香港著名粵劇旦角，一九六〇年出道至今，師承名伶白雪仙，與師承任劍輝的陳寶珠份屬同門。二〇一四年，二人合作於港澳演出共二十六場《再世紅梅記》，兩年後再度攜手演出二十場《牡丹亭驚夢》，反應熱烈，同年加場。台上一分鐘，台下十年功。演出前，二人日以繼夜夜以繼日排練操曲，力臻完善，一旦站在虎度門，就得摒棄所有雜念，全神貫注：梅雪詩不再是梅雪詩，她是杜麗娘；陳寶珠也不再是陳寶珠，她是柳夢梅，二人融入角色的同時亦成就彼此的角色。從她們身上，我們可以一窺何謂「演員的自我修養」。

梅雪詩與陳寶珠早已在一九六三年合作演出粵劇。一九六三年，任劍輝與白雪仙組成「雛鳳鳴劇團」，其中一套粵劇《紅樓夢》由龍劍笙與陳寶珠分成AB制輪流飾演生角，花旦則由梅雪詩獨力擔演。後來陳寶珠因拍電影而聲名大噪，漸漸忙碌起來，「初時她即使很忙都會來排戲，通常師傅會安排與她排練折子戲。她很少與我們一起練功，一來她要忙拍戲，二來她自己另外有師傅粉菊花。那時我就如『失魂魚』（笑），由師傅從零開始教導，但寶珠姐則不同，她是粵劇世家出身，基礎比我們好，學習粵劇很快就上手，我們都跟不上（她的進度）。」可惜的是，六十年代陳寶珠處於人生中最忙碌的日子，實在分身不暇，只好暫別粵劇舞台。

當時梅雪詩與陳寶珠的接觸也僅限於一班人會面，私底下不會相約，各自練功各自歸家。但即便二人接觸不多，梅雪詩亦大讚陳寶珠為人和藹、隨和。「譬如每年師傅生日，多數我都會見到她，見面亦會聊天；亦因為大家都是師傅的徒弟，她是我的大師姐，所以對她不會感到陌生。而且她人真的很好，完全沒有架子，對每個人都很關心。」直至陳寶珠從加拿大回到香港，二人的接觸才漸漸增加，甚至再續前緣合作演出。

日夜操練得來的默契

二〇〇三年，陳寶珠邀請梅雪詩擔任其「陳寶珠嚟喇演唱會」表演嘉賓，二人合作演出一段《帝女花・香夭》折子戲，但這張人情卡，似乎只有陳寶珠才「碌」到，梅雪詩坦言，換了是其他人她不會答應這場演出：「我從來都未試過在這些場合（演唱會）中表演折子戲，而且還是時代曲的（演唱會）！但因為她是我的師姐，所以她一問我我就立刻答應了。不過最後都很高興，因為這次演出我完全沒有感到壓力，對這段數分鐘的折子戲已經駕輕就熟。」

二〇一二年，她與陳寶珠為八和會館籌款合作演出《李後主・去國歸降》，二〇一四年，二人合作演出《再世紅梅記》，二〇一六年又有《牡丹亭驚夢》。隨着合作的次數增加，二人的默契亦漸漸增多，僅在台上眉來眼去，就知道對方想要什麼：譬如一個人轉身，另一個人就能意會到對方要向着哪個方向走，又或是懂得怎去回應對方的某個「即興」笑容。

更誇張的是，在《牡丹亭驚夢》的其中一幕，陳寶珠因患上感冒而不慎咳了幾聲，梅雪詩立即接上慰問「相公」是否着涼。這些默契全靠二人日對夜對操練得來，可謂有血有汗。

「我們在《再世紅梅記》的時候已經很有默契，始終我是任姐（任劍輝）仙姐（白雪仙）的學生，她又是任姐的徒弟，大家都知道怎樣去做。但最主要的原因還是我和她私底下每天都會在她的家裏排戲，一有時間就排。《再世紅梅記》是長劇，需要的排練時間較多，那時真的每天都對着她；《牡丹亭驚夢》時她另外有師傅，所以見面次數較少，但都有對排。」而且，她們每一次排戲，都會當作在台上表演般專注投入，雙方會有交流，非常認真，「我很享受排戲，排戲對我來說是溫故知新，只要與我合作的對手肯認真排練，我一定會用心回應。」

放下自己　成為角色

日夜排戲，默契加深之餘，這亦有助雙方更加融入角色。梅雪詩笑說，戲做得熟了，有時會在舞台上不知不覺間做出融入舞台的事，是當時的一時興起，情之所至，「走位可以是固定的，但有一刻感情到了，或者感情發生了變化，多一點或少一點（感情），或者我再笑多一點、少一點，感覺有時是不同的。」這些情感的細微變化，源於專業演員的修養：站上了舞台，就應該放下原來的自己，成為那個角色。而為了更好地「成為」那個角色，梅雪詩和陳寶珠在虎度門等候出場時，甚至不會與對方説話，專注於自己的角色及醞釀角色的感情，「我甚至連望都沒有望她，我只會望着台口。」梅雪詩笑説。

這樣專注，會否曾經有一刻「愛上」過「相公」陳寶珠？梅雪詩斬釘截鐵地説：「我肯定沒有這種感覺。做戲的時候我會投入感情，但落台後就是自己。有些人做戲會不能抽離角色，我不會的，回到後台，我就是我，回家後，我甚至不是梅雪詩，是馮麗雯（梅的原名）。所以我們當然『冇嘢』啦！如果真的無法抽離，我曾與那麼多文武生合作過，豈不是個個都要『有嘢』？（笑）」

陳寶珠在接受傳媒訪問時曾表示，每次站在虎度門都會非常緊張，雙手冰冷，直到尾場時才回復溫暖。這似乎給人一種沒有信心的印象。然而，也許是見微知著，也許是——陳寶珠散發的氣場連她自己也未必感受到——那個在虎度門前戰戰兢兢的小生，在演戲對手梅雪詩眼中卻不太一樣：「我覺得她很有自信！雖然她經常説很緊張，但我覺得她是有信心的。每次排戲，她都給人一種『一定要好！一定要好！』的感覺，而且她在台上做戲時是很有把握的。我覺得她比我有信心，比我有把握。她亦很勤力，因為她就算已經做得很好，但仍然會跟你每天練習，一直排下去，很有上進心，大家跟她排戲時都有目共睹。」

在與陳寶珠拍檔之前，梅雪詩有很長的一段時間與同是任白門下的著名文武生龍劍笙合作，她又怎樣看對手龍劍笙與陳寶珠？「她們二人都是任姐徒弟，當然我和龍劍笙由細到大一直拍檔，不用排戲大家都知道是怎樣做的，而我和寶珠姐是新拍檔，當然要重新排練，（雙方默契）一定同樣可以到那個階段。而且只要能融入角色，就不必理會對方是陳寶珠抑或是龍劍笙，我只會當你是柳夢梅（《牡丹亭驚夢》中的生角）。我覺得她們都很叻、很好，是我的好拍檔，二人的男角扮相都很漂亮，很瀟灑。」戲迷會否堅持要「龍梅配」？「我的戲迷一樣擁護寶珠姐，她以前拍過很多電影，所以大家都很喜歡她，都是她的影迷。」

對手眼中的好媽媽

專業演員的一舉手一投足，細微至一個眼神一聲笑語，都是情感上的交流。專業演員最厲害的地方，是只要與對方演過一次對手戲，就能摸索出對方的為人。「她是個很好的人，很關心其他人，作為一個演員，她很有自信，很勤力，也很有毅力。」談到陳寶珠的為人，梅雪詩在訪問中不下數次這樣強調。「尤其是她對每個影迷都很細心，很關心影迷，影迷對她當然很好，她會回報影迷，每件事都想得很周到，譬如她的影迷不舒服，她會很緊張，催促他們去看醫生，也會關心影迷的親人。她對我們都很好，譬如我媽媽生病了，她也會關心，她對師傅又好，尊師重道。」讓梅雪詩比較難忘的是，吃飯時坐在陳寶珠旁邊總不愁沒有東西吃，「嘩，這個真的是⋯⋯你若是坐在她旁邊，她就會猛挾菜給你，她自己就不吃，總是照顧周到。」

在梅雪詩眼中，陳寶珠平易近人，待每個人都是她的朋友，絕對不會擺架子。這種性格亦造就了陳寶珠有一個融洽溫馨的家庭，她待兒子及媳婦就如朋友，羨煞旁人。「她是一個好媽媽，也是一個好奶奶，完全沒有一副『我是奶奶』、『我是媽媽』的款，所以他們三人很親近。經經（陳寶珠兒子楊天經）亦很孝順，媽媽那麼紅、成就那麼高，但他為人仍然很謙虛，孝順媽媽，常常來支持寶珠姐的演出，在後台打點。我見到寶珠姐有一個這麼好的家庭，都為她感到高興。」

見證第一波「陳寶珠來了！」

董培新

當年參加電影工作，老闆是新丁，我這美術指導也是新丁，所以沒有框架，可以自由發揮。曾經合作的主要女演員順次而下：陳寶珠、蕭芳芳、雪妮、薛家燕。陳寶珠、薛家燕是「仙鶴港聯」合約演員，雪妮是基本演員，一九六一年羅斌先生在繆康義先生鼓動下成立了「仙鶴港聯」。「仙鶴港聯」的商標是羅斌先生乘搭日航客機時，很喜歡日航那隻仙鶴。帶回來交給我，由我砌拼而成的，那時候沒有什麼版權法。「仙鶴港聯」第一部電影是《仙鶴神針》，一公映就來個開門紅，非常賣座。老闆立即拍攝下集，同樣是座無虛席。

這樣子變成了欲罷不能，只有將本已完結的故事，再延續下去，這樣就出現了全新創作的《仙鶴神針新傳》，由陳寶珠飾演少年時的馬君武。

拍攝《仙鶴神針新傳》時，老闆可以說是百分百的外行人，他心目中覺得當時的粵語片拍得不好，製作上可以更上一層樓，理論是：只要在每一環節中盡量做得更好，一定能夠脫穎而出。所以公司除注重劇本、導演、演員外，還要為電影加入美學元素，我就被捉了上轎，公司開戲要我去指指點點。

陳寶珠是非常受妝的演員，看寶珠做粵劇，造型之美在粵劇界中無人能及。《仙鶴神針新傳》中對她的設計只用了一個字「樸」。一切花巧不用，扮相只是樸實。那時候，絕大部份電影製作方法都是「做戲咁做」。戴頂帽、穿件繡花衣服、着對靴、化了妝出來就做戲。但我總是想：電影雖然是虛構的故事，但仍不可過份脫離實際生活，一個遊俠，怎可能穿的是綾羅綢緞，經常穿州過省，身上怎可缺少包袱、行囊？而且個個俠客都似百萬身家未開頭，全無經濟上的煩惱。戲服着來着去都是一套，現實中有個這樣的俠客豈不是臭不可擋？而且真的綾纙羅綢緞是不能洗的，那時我這美術，第一件事就是不准戴帽，大部份演員都要造頭套，不要閃閃發光的衣服，因為電影不是舞台，無須用一件靚戲服去吸睛，刺眼和庸俗的戲服反而將畫面破壞，由此得到很多二、三線演員抗議。

那時代由於製作成本，製作條件的掣肘，局限性大得不得了，同今日的電影相比真是天壤之別。現在重看當年的影片，着實慚愧，而且當中還有一些被迫出來的行貨。大約在一九六三年，黃卓漢和蕭芳芳媽媽聯合組成一間公司拍武俠片。之前我曾為他的嶺光影業公司畫過很多宣傳畫，多謝他的器重，新開拍的武俠電影，黃老闆會親自開他的大型卡得力房車，將劇本送來給我。可惜時間卻很緊迫，又要詳細看劇本才可構思。最要命劇本多是垃圾，看劇本看得很辛苦，要看看停停、停停看看才能將劇本看完。到動手構想時間迫得不得了，趕交的功課怎可能深思熟慮？根本思想無法走進故事中。自己都不滿意，還是要迫着交出來，這樣的作品是有幾部。後期上映的宣傳畫也是由我繪畫。看那些照片真是慚愧。實在對不起芳芳，但她可能連我是誰也不知道，因為從來都沒有在工作中出現過。

「仙鶴港聯」的出品都非常賣座，倪匡（魏力）寫的《女黑俠木蘭花》是暢銷小說，老闆羅斌又動腦筋拍攝電影，大膽地使用公司基本演員雪妮擔任主角，雪妮形象與當時流行的女性形象有所分別，我們都有些擔心能否得到觀眾接受。在導演羅熾、武指唐佳、劉家良全力合作加上雪妮的天賦，拍攝出當時最好看的時裝武俠電影。我也以一套緊身黑色芭蕾舞衣為雪妮、羅愛嫦塑造形象。一個全新新人擔演的電影竟然大賣。四十年後荷里活電影《盜墓者羅拉》竟然使用《女黑俠木蘭花》同一形象。哈哈，我應該向他們收取版權費。

《六指琴魔》也是倪匡作品，那時陳寶珠已經擔正，但在海報中譚倩紅佔的位置比她還要大，因為我喜歡以表現故事核心為創作的要素，多謝老闆任我去搞，當時十一歲的薛家燕擔當鬼奴角色。小説中，鬼奴半邊臉黑色，我們要將美麗的小家燕忍心搽黑，為盡量配合劇情，我們看着將嬌俏的小臉蛋殘酷地塗黑，也感肉痛，小小的家燕不會請求塗少一點，小小年紀，如此專業。導演陳烈品説：「這小撈家婆，真頂她唔順。」廠裏每一個人都疼她疼得不得了，人能大紅大紫，從來不是偶然的事。

由於機緣巧合，一件事見證了社會上一個巨浪的形成，公司新戲上映，剛好工展會在荔園進行，老闆想到利用工展熱潮宣傳新戲。當時寶珠正為友公司拍攝電影，羅斌先生情商友公司在空檔期間，借出寶珠兩小時，前往荔園宣傳新戲。誰知效果全在意料之外，小小一個荔園竟塞進了成萬人，台前影迷如癡如醉，竟進入瘋狂狀態。那時候公司人丁單薄，連我在內只有六個人。表演台被熱情的影迷重重包圍，並無半條出路，試過六個人組成人鏈將寶珠圍在其中，想衝出去，哪裡衝得到，連衝多次都被蜂擁而至的影迷擋住，只有退回後台。後來，有工作人員發現，只要寶珠出前台，後台附近的人就空空了。於是叫寶珠移向前台向影迷打招呼，如拍電影的機動，一個訊號，寶珠走入人鏈，七個人向空檔處衝去，幾經艱苦竟被我們突圍而出。但我們六個人，個個都付出代價，各人都被抓傷，衣服撕破，情況慘烈，見證了第一波「陳寶珠來了！」現象的威力。

印象・寶珠

杜國威

認識寶珠於童年！當年大家約十一二歲左右，我仍記得一些點滴——那時有兩位醉心話劇的大哥哥，叫金戈和鐵馬，魄力驚人，把那時香港影藝圈的童星集結，為哪個慈善團體籌款演出我倒已忘記了，但話劇名字我記得是叫《苦兒樂園》。故事說在孤兒院中一群奮鬥不懈的孩子，除了寶珠，還有芳芳、嚴昌、嚴偉、嚴慧珠三兄妹、關維鵬和我是麗的呼聲小播音員，加上鄧小宇、水維德和波叔（梁醒波）的女兒梁寶珠，還有白韻琹及明星芳華演老師。這是我第一次接觸舞台劇，在皇仁書院和伊利莎伯中學，用國語公演，也算是盛事了……

童星輝煌時代

那時常在寶珠父親陳非儂的粵劇學院排戲，那裏有個小舞台，供粵劇的徒弟練台步、練刀槍之用。小童星都很開心，沒有壓力，排戲就像玩耍，那時的寶珠好動活潑，短髮，像男仔頭、而且愛笑、愛吃零食又愛撒父親嬌，仍記得她在扭父親要買齋鴨腎吃，而寶珠的母親宮粉紅可嚴厲多了！寶珠的武功底子十分紮實，波叔很喜愛她，悉心安排她與女兒梁寶珠合作，兩位寶珠組成了「孖寶劇團」演出大戲呢！

印象中的童年往事就這一些，《苦兒樂園》演出之後，童星們都依依不捨，各奔前程，各有成長的際遇，有着不一樣的命運。我十三歲那時，因轉聲帶，尷尬的聲音並不好聽，不是男人嗓子，姊姊覺得我不是做戲的料子，加上男仔不高大英偉就沒法走紅，我唯一的出路就是讀書，所以我就沒有機會再遇上演藝中人了。只知道，當年的白韻琹後來做了空姐又是作家及電台主持，而嚴昌就是今日的秦沛，他有一段日子往台灣發展，嚴偉就是姜大偉，他已成為邵氏力捧的小生。關維鵬就成為了香港流行樂隊始祖，「Teddy Robin & the Playboys」樂隊的創辦人泰迪羅賓。而鄧小宇做了專欄和小説作家了。至於寶珠及芳芳，她們一直沒有離開過影壇，由童星到玉女，紅透半邊天，愈來愈多影迷，光芒四射，各自各精彩。偶爾由我在電台播音的姊姊梅梓口中説見到了寶珠或見到芳芳，她們向我姊姊問候我的近況，這足以令我感到溫情滿懷了。原來大紅大紫的寶珠和芳芳仍記得我，沒有架子，沒有矯情的問候，對自閉悲觀的我添些動力！泰迪羅賓常對我説：「威仔，唔好成日苦口苦臉，唔好以為你嘅黃金時代已過去！人生好長，鬥心最緊要呀！」Teddy 是我不常見的知己，我永遠記着他的説話。我離開電台後，「播音童星」由奚仲文開始接棒，後來 Teddy 帶這小師弟入了影圈，做了美指，成績斐然至今！

很長時間沒有聯繫寶珠，但她的消息卻不停被報導，雜誌、娛樂報章每日都看見、影迷瘋狂的口號：「陳寶珠嚟啦！」不絕於耳！我當然知道成功背後要經歷多少艱辛和磨練，面對多少人生起伏！「陳寶珠嚟啦！」再見寶珠時，已看不見她孩童時代那天真的笑臉、樂觀愛玩的情態，而是另一種印象的寶珠了！

我仍然想念着兩位大哥哥金戈和鐵馬，他們可說是我舞台劇的啟蒙導師吧。好像是台灣人，但已經失去聯絡方法了，很想告訴他們命運又把我帶回演藝圈子，本以為平淡地以教書終老，誰料因帶學生參加戲劇比賽，幸運地得到香港話劇團賞識，再由徐克導演帶我進入電影圈，搖身一變成為編劇，而這段時間的陳寶珠已嫁人息影，過着平淡的生活，我亦不好意思聯絡敍舊了……

重遇舊友

時光溜得很快，屈指堪驚，一九九五年，那時高志森、古天農和我組了「春天舞台」，高先生以他非常的魄力打造出舞台劇的新景象。一天，汪曼玲來電，説寶珠無意間透露想靜極思動，對舞台劇甚有興趣，於是，高志森、葉潔馨、寶珠和我來了一次聚會。久別重逢，十分興奮，到最後，真的達成了合作條件，我是負責為寶珠創作一個劇本！

這個任務令我「終日擔心」，要編寫一個怎麼樣的戲才可令到寶珠的復出能光芒四射，成為萬眾期待的焦點?!寶珠當然也十分猶豫，她是一個謹慎的人，她知道支持她的影迷始終不離不棄，這麼多年都在等候着她，守護着她，她不能讓影迷失望的。我戰戰兢兢，小心翼翼地去構思、去塑造角色。觀眾喜歡她扮男裝，卻又欣賞她恆久不變的淑女形象，要時文時武，要宜古宜今，傾倒眾生的人物。那該演些什麼？這時我才知道使命艱巨，不容有失！

《劍雪浮生》面世了，陳寶珠扮演她師傅任劍輝，真的不作他人選。去寫一個眾所皆知的人物，一定要寫得真實，不歪曲扭折，也不能隨便為人物戴光環，人物要有稜有角才好看，那我該怎樣讓萬人迷的陳寶珠去演萬人迷的任劍輝?!

半遮面兒弄絳紗　風中楊柳霧中花
三生約　半生夢
相思有人
簪花字　盟心句
一樣西風
驟借雲煙駕霧來
劍雪浮生情永在……

結果，《劍雪浮生》獲得廣大觀眾認同及讚賞，仙姐對我說，想不到我寫得那麼好，我聽了開心到幾晚也睡不着呢！而「陳寶珠」再次掀起熱潮，我可鬆一口氣了，可說不負這當年「小朋友」所寄望了。跟着，寶珠對舞台劇有信心了，膽子也大了，她像迷上了舞台劇的，期待下一個新戲呢！《天之驕子》是我為她度身訂造的第二個舞台劇，由她夥拍秋官鄭少秋，加上由仲文為她作造型設計，更具新意，這裏也不用多談了！

閒聊間我知道寶珠有很多戲曲都想演出，她不時鼓勵我，想我寫《紅樓夢》和《梁祝》，因為她實在太愛賈寶玉和祝英台。當然，這兩個角色都十分適合她來演，問題是我！我知道《紅樓夢》太多珠玉在前，我怎樣寫也不會比前輩寫得出神入化，我自愧不如，不敢獻醜呀！至於《梁祝》，我總覺得傳統戲太美化、簡化了梁祝二人的情感經歷，我是個背道離經的寫手，我相信梁山伯是愛上了男裝的祝英台，故事才淒美迷離，更加合乎人性矛盾。我已寫過《梁祝》，由謝君豪與蓋鳴暉演出，我可不能出爾反爾，重寫梁山伯知道祝英台是女兒身後的大喜過望！所以我只能對寶珠說讓我再為她構思另外的故事吧！寶珠呶起嘴兒咄我！

我很欣賞楊天經這個寶珠的心肝寶貝兒子，打從認識他之後，就覺得他純良真誠，做事有分寸，對人又厚道，望着經經（楊天經暱稱），你恍然明白寶珠花了多少心血，傾盡幾多愛在兒子身上，寶珠表面好像十分脆弱，吹彈得破，影迷們也以為她不能經風浪，義無反顧地保護她、擁戴她，事事為她出頭。但我看着久別重逢的寶珠，卻感到她骨子裏的堅強。她怎樣撫養、教育經經，她怎樣服侍照顧老年的媽媽宮粉紅，從細微的事也可見一斑。宮粉紅年紀已不小了，但仍像當年樂天風趣，常常在人前做健身操，耍耍功架，逗人開心。寶珠在旁笑着，又擔心媽媽過勞，像哄小孩子似的，事事關心呵護，沒有厭煩，沒有怨言，所以在《天之驕子》中寶珠飾演的孟麗君，照顧憐恤由琴姐（李香琴）飾演的孟母時，寶珠做得那麼真、那麼自然，感人肺腑！即使年前宮粉紅的離世，她仍冷靜淡然，克制悲慟，因為她知道生老病死是每個人必經的階段，是逃不了的！

經經很乖，很孝順，每場演出他都扶着寶珠，送寶珠到台邊，輕吻她臉頰，寶珠便深吸一氣，投入角色，步出舞台。《天之驕子》經經有份參演，寶珠在不用趕裝時，便站在台邊看着台前的經經，心裏緊張，母子之情洋溢。而我看在眼裏有着莫名觸動！母慈子孝，真的一點也不誇張。現在經經結婚了，妻子珊珊也像經經一樣孝順寶珠，我說：寶珠呀！

人生若此，夫復何求?!經經的純厚可能不太適合娛樂圈，但在舞台劇方面，經經便愈做愈自信愈進步，他和一群戲劇界的青年軍成立了「劍雪同盟」劇團，時有演出。而在電視作足球評述員亦可以說是有聲有色！寶珠不用過份擔心兒子了！他已長大成人呀！

寶珠的男裝扮相真的一絕，俊美超然，玉樹臨風，就是這份得天獨厚，傾倒眾生，已無人可比。我發覺她愈來愈風趣，風騷了！哈哈！阿Joe（陳善之）想我寫寫寶珠，賀賀她的新書面世，我毫不猶疑就應承了！沒有什麼禮物送她，寫文章嘛，倒是我的強項呢！（一笑）物輕情義重！在此衷心祝賀寶珠小朋友，永遠青春快樂！幸福綿綿！

「陳寶珠嚟啦！」——已成經典，陳寶珠的藝術生命再度燃亮，更加閃爍光芒！

一生學習

奚仲文訪談

文一鄭美姿

奚仲文是香港知名的電影美術指導，多次贏得電影金像獎，也曾獲奧斯卡的提名。他更是出了名的好好先生，大概沒有誰人會在片場受過他的氣。但要成為好好先生眼中的好人，奚仲文立即說：「寶珠，好好的心地，好好的態度。」逼迫着這個好人再舉一個例子，他說：「陳慧琳是另一個令我有類似感覺的人。」為了證明他不濫讚，要他再點名，奚仲文笑：「就是這兩個人，都讓我樂意效勞，義不容辭。」

他是上海人家，爸媽只看國語片和西片，家裏「媽姐」則迷大戲和粵語片，小時候的奚仲文偏愛神怪橋段，遂跟着媽姐去戲院看《無頭東宮生太子》，還看得捧腹大笑。粵語片少不得寶珠和芳芳，因此他自小便看了很多陳寶珠。「所以說，我細細個就識寶珠了，幾乎覺得是同步成長。」

小事見真心

上這一刻還是在戲院看陳寶珠的奚仲文，到下一刻相遇，已是三十幾年之後，兩人在另一個時空終於相見。彼時寶珠復出舞台演《劍雪浮生》，其經理人梁李少霞找上了奚仲文，請他為寶珠出任服裝指導。「就如你們見到肥姐會覺得好熟悉，是因為晚晚看《歡樂今宵》；我見到寶珠就是這樣，但其實人家不認識你啊。」

然後就發生以下這一幕。話說《劍雪浮生》首次召開記者會，並在會上公佈任劍輝一角會由陳寶珠飾演。一個做服裝管理的阿姐，自小已是寶珠迷，為了見君一面，幾次請求奚仲文把她帶去記者會。於是阿姐一同來到會場，在寶珠面前被輕輕地介紹了一次後，眾人便各自歸位。阿姐返回樓下的服裝室，寶珠等人出席樓上的發佈會。

豈料過了好一陣子以後，正在熨衣服的阿姐，面前竟然出現了她朝思夕想的大明星寶珠姐。奚仲文說：「寶珠自己一個人走去服裝房，說食物來了，專程請阿姐一起上去吃東西！」他把小事都記在心，當下覺得寶珠的細心，是出於不忍人家屈就，因此即使她正為首次記招而心神難定，仍記得有個阿姐身在樓下。

展開了第一次的合作後，陳寶珠接下來的所有演出，都交由奚仲文負責其服裝形象，直到今天。問道萬一跟其他工作撞了期，他會否推辭不接？平和的奚仲文，第一次流露出詫異的表情，彷彿聽到了什麼大逆不道的說話：「這個是很難得的信任呀，我和寶珠已親如朋友，她不是個挑剔的人，而且我能感受到每次工作完成後，她流露表現出欣賞的眼神，我自己也很開心。我們嘛……能夠感受到那人究竟是真？是假？是客氣？我 feel 到她是真的。」

永遠謙卑的心

陳寶珠平時得人呵護，時至今日，出入仍有追隨幾十年的影迷陪伴護航，故她總是溫柔儒雅，當可理解。但奚仲文卻回憶起某個片段，卻叫他真正折服。那次他們一行人前往深圳看舞台佈景，現場人多勢眾，有木工、工匠、場務等人，正當白雪仙在舞台上檢視佈景細節時，她心血來潮，揮手如命令，大喊了一聲：「你，行嚟睇吓！」

眾人一呆，只見陳寶珠欠欠身子，微笑上前，按仙姐指示在舞台上走位。但隨即又傳來仙姐嚴厲的吆喝：「不是這樣！你不知道要把頭轉過來嗎！」現場眾人屏息靜氣，沒敢哼一聲，但陳寶珠依然畢恭畢敬，嘴巴抿得緊緊，沒流露半句不快，全程盡力保持頷首。

奚仲文站在旁邊，把一切看在眼裏，頭皮發麻：「我不是想講到仙姐好惡，我明白技術上仙姐和寶珠是師徒，而且師傅教徒弟本來就如此。只是……現場好多人，而寶珠姐已是大明星，覺得難受很正常，但她仍然表現敬重。嘴巴其實可回一兩句，但她沒有，仍然好尊敬仙姐。這個不容易，修為要好高，你稍為代入就會明白。」

跟陳寶珠在工作上密切往來後，奚仲文有時會應邀到仙姐家裏作客，或茶聚或飯局。敏感的奚仲文，總能發覺到寶珠發乎內心的謙卑：「例如有客人來，寶珠立即就上前幫忙招呼，大廳不夠位坐，她會站開，讓人家先坐。其實她是有份量的人，但常常把自己看得很小，那種單純，是發自內心的。」

在演藝圈打滾多年，奚仲文直言，藝人變成「老油條」比比皆是，始終出入太多歡呼簇擁，人一下子就飄飄然。「要變成老油條，好容易，但寶珠一點都沒有。我猜，是因為她打從心底，常常覺得自身不足，她自信心不強，例如大戲的做手、唱歌等，她仍然真心覺得自己需要學習，所以無時無刻，都表現出這種謙卑。」有一句話，貴為陳寶珠，原來至今仍然會說：「我真係唔識。」說完後她便虛心求教，奚仲文一邊說一邊笑着搖頭：「自愧不如啊。」

陳寶珠自從一九九九年復出舞台演《劍雪浮生》後，至今十七年來開過演唱會，又演出過多個舞台劇，奚仲文樂於當個默默支持的小影迷，而且覺得寶珠的功架，跟以前不同，愈演愈好。很多藝人復出舞台，少不免都帶點玩票性質，但在奚仲文眼中，陳寶珠卻是「在藝術生涯再創造一個水平」出來，「她在唱功和韻味上，進步了好多，我也是這樣跟她說。」一如既往，陳寶珠的真情答覆是：「對啊，所以要更加努力去學！」

一劇結緣

區嘉雯訪談

文一鄭美姿

《劍雪浮生》一劇，說起來其實已是一九九九年的作品。那是陳寶珠息影二十七年後，再復出舞台之作，很多友誼和關係，都在這裏滋長，包括此劇中飾演白雪仙的區嘉雯，跟陳寶珠也是結緣於此。只是誰想得到，一件彼時發生於她倆之間的小事，冷靜平和的區嘉雯今日說起，立即淚如雨下。

當時區嘉雯已經移居美國，在三藩市一家律師樓工作。某天她收到《劍》的編劇杜國威一通長途電話。

杜：「嘉雯，想請你回港做戲！」

區：「好呀，做什麼？」

杜：「做白雪仙。」

區：「啊！」

杜：「上演一百場。」

區：「啊！」

杜：「對手是陳寶珠。」

區：「啊！」

區嘉雯是舞台劇演員，未踏過粵劇台板，也未試過演出一百場的劇目，更從未曾辭職演戲。但三個「啊！」之後，她就答應了：「我喜歡做未做過的東西，it's more fun（更加有趣）。加上我又不是做火箭專家，只是一般的工作，便打算辭職去演戲，回美國後再找工作。」

對喜歡演戲的人來說，只有放棄演出，才是困難的抉擇。「你自己想要什麼，你自己知道。有些人好需要生活的安全感，我不是。」

她決定參與角色後，收到朋友越洋寄來一本講述仙鳳鳴劇團的《姹紫嫣紅開遍》書冊，又有另一位好友，給她寄上珍藏版的任劍輝和白雪仙電台訪問錄音帶。於是她每日開卷讀書，夜晚則戴着耳筒聽任白訪問，直到入眠，工餘時更到唐人街一位粵劇師傅處，學習粵劇唱腔和做手。她花了好長一段時間，為自己營造一個粵劇的環境，幫助自己融入一個屬於任白的時空裏。

由收到杜國威的電話，到回港排戲，中間相距了一年時間。

獨自留港排戲

區嘉雯一個人回到香港，住在杜國威提供的一個小小公寓裏，獨自面對長達半年的排練和演戲日子。她認識了陳寶珠，但她倆都不是多言的人，故甚少交談：「我們兩個都好靜，也不會主動搭訕，而且寶珠身邊往往簇擁着很多人，和她更加沒有獨處的機會。但她身邊的人好友善，有時大家會談一兩句。」

一星期七天，排戲排足六天。區嘉雯飾演白雪仙，照理仙姐應該很緊張其演出：「仙姐不認識我，不知我演成怎樣，按理應該很着緊。但她從沒過問一句，或者批評半句，我非常佩服她。」

話劇上演前，仙姐曾邀請一班演員上她家喝茶，其間卻沒有「指點」過區嘉雯該如何演繹自己，大夥兒只是輕鬆談天，仙姐則有時提及當年她和任姐的相處片段。即使她其實非常緊張這套劇，但原來從沒在排練時現過身，因此由始至終，區嘉雯一點也沒有感受過來自仙姐的壓力。

直到某一場，仙姐和張國榮結伴來看，完場後，她透過張國榮向區嘉雯傳來一句叮囑：「叫嘉雯在台上要站直，不要寒背。」僅此而已，沒有多半句批評。自此區嘉雯變得警覺，確保自己站在台上，腰板一定挺直。「仙姐地位如此高，卻是如此有氣度的一個人。」

說起仙姐，區嘉雯滿是敬重；提起寶珠，區嘉雯竟突然哭了出來。「有一件事，我很感動，一講出來就會哭……」故事還未說，她已經流下淚來，掏出紙巾擤鼻子，她哽咽地道：「那天，是第一晚演出。我下午入台，寶珠的粉絲拿了一個湯壺過來，跟我說：『寶珠姐話你一個人在港，沒有湯水，以後她喝什麼，你也要喝什麼。』我聽完喊到死死吓。」

足足一百場演出，湯水一百壺不少。有燉湯、有潤聲湯、有養聲湯，這壺滾熱的湯水，十七年過去，也沒有擱涼，區嘉雯今日回想，依舊感動。「好 heart warming（窩心），寶珠毋須這樣做……但寶珠就是會在細節掛念你的人。」

區嘉雯自小喪母，區爸爸帶着她和兩個弟弟成長，一湯之恩，於她而言，大概勾起了更多不為人道的情感。

低調的友誼緊密維繫

《劍》劇對陳寶珠和區嘉雯來說，同樣是一個挑戰。寶珠息影前只演電影和粵劇，演舞台劇是初哥；區嘉雯素來只演舞台劇，粵劇做手和唱腔，她須由零開始學習。「如何擺水袖，做手又如何，我一竅不通，跟得很慢。排練時我追不上，寶珠會跟我說：『嘉雯不要緊，我把你那段戲也聽好了，待會再教你點做。』」

回憶中最痛苦的，是這套劇用了電影的節奏，要求演員在幾句對白之間，就能轉妝轉造型，古裝變時裝；幾十秒之間由哭喪唐滌生去世，變成事過境遷的從容。「我和寶珠的壓力非常大，記得當日我們在公演前，花了一星期就是練習轉妝。我和她，也忘記了是誰，一個肚瀉一個頭痛欲裂。加上有幾場是慈善表演，仙姐借出當年她和任姐登台時的真版戲服給我穿，那是造工精細一針一線的戲裝，不是魔術貼，換衫時必須小心翼翼，很害怕會弄壞。」

據區嘉雯說，寶珠較她更加「麻煩」的是，其文武生造型須戴着頭套，把眼睛吊起，如不習慣會非常不適應，再加上她做男裝要穿「鬆糕鞋」，在後台換妝時總是看得她心驚膽顫。

眨眼間十七年過去，那次留港演出之後，區嘉雯便返回三藩市。直到二〇〇三年，她決定回流香港，在一家中學教授英文科，直到今年才退休。期間她早上教書，晚上排戲，生活滿足快樂。

《劍雪浮生》是區嘉雯與陳寶珠唯一的一次合作：「哈哈，其實我們同演一劇實在是緣份，因為大家本就來自不同的演藝界別。」在她回流的頭幾年，每逢過時過節，陳寶珠總要確認這個朋友有沒有人陪：「由於在港我沒有家人，所以寶珠一定會找我，如果我沒人陪伴，就要我去她家吃飯過節。」

戲裏她們是任劍輝和白雪仙，戲外她們是陳寶珠和區嘉雯，兩人都是寡言的人，低調的友誼淡淡的，但至今仍然維繫。「寶珠是一個非常善良的人，我是個觀察力很強的人，而且看事情很客觀，寶珠在很多細微事情上的關心，不經意間的流露，於我來説，感受尤深。」

右：與修哥拍檔宣傳、右為李香琴，攝於六十年代。

左上：King Sir（鍾景輝）及區嘉雯出席兒子天經的婚禮，攝於 2011 年。

左下： 六十年代已與當時的美術設計董培新合作，攝於 2016 年。

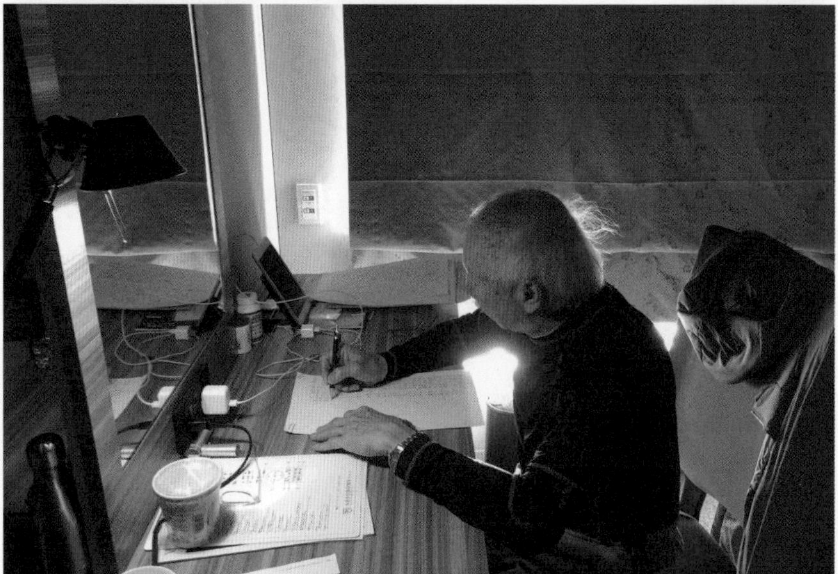

右：杜國威出席兒子天經的婚禮，攝於 2011 年。

左上：復出後一直有賴奚仲文的形象指導。

左下：與梅雪詩識於少年時，故感情深厚。

四

戲中人在眼前

朋友誠

教我如何不愛她

陳善之

「教我如何不愛她」，這是當三聯找我為三家姐（陳寶珠）寫一篇文稿時我第一時間想到的！

那年（六十年代）母親對我說：「任劍輝是最好的、最完美的！」看罷《桃花仙子》，我說我要做白雪仙；看罷《芸娘》，我說我要嫁任劍輝！又過一陣子，母親又說：「陳寶珠係任姐徒弟，好乖、好純、好孝順，個樣又甜、做戲好真、唱歌又似任姐……」

由看她的《冷暖親情》、《紅線盜寶》、《玉女英魂》，就已經知道了；「翠環女服不相襯，根本我身非女人」、「出玉門、過星星……明鏡一片、繁星九點」。當時無論在戲院或是電視熒幕上看到這個「非女人」卻比女人更純真靈巧的少年郎，比明鏡還要清澈明亮、比繁星更要溫柔婉約的女俠時，已經馬上對自己説：我（要）愛陳寶珠！和所有影迷一樣，幾乎所有三家姐（寶珠）的電影都看了，只有《金色聖誕夜》從上映到今日都拒絕觀看，因為戲中她演的角色被強姦了（這叫我實在受不了），其後自我心理分析，因為是太（疼）愛她了，不可能接受近乎完美的她遭受到這樣的傷害……幼稚？當你面對一個你真的很愛的人，你會的！不可思議？陳寶珠就有這令我（及所有「珠迷」們）從小到現在已年過半百的人仍存對人性有赤子之心的魅力！

《玉面閻羅》、《金鼎游龍》、《雙鳳旗》、《影迷公主》、《姑娘十八一朵花》、《春光無限好》、《不敢回家的少女》、《我永遠記住你》到《壁虎》，寶珠姐從沒有刻意去標榜演技，她只是踏實、自然、由心出發地去表達角色的經歷和情感，正因如此，那股莫名的親和力，純正的情感力量，才真真實實地牽引和打動了我們的心，這，就是她的「真」。

真正認識寶珠姐，是在一九七九年，當時我在無綫電視工作，與寶寶合作《一劍鎮神州》

而結緣，她老嚷着男俠士扮膩了，要回復女兒身，故公司安排她以古裝美女形象為《香港電視周刊》拍攝封面，拍攝當天，她特邀寶珠姐來支持她，兒時的偶像，終於真正相見了，仍是溫婉雅淡、意態盈盈，言談間，純、真、直率的氣質絕未因已為人妻、已作人母而改變；當然，當天內心的喜悅，至今仍未忘記！

後來，更因拍《奸人鬼》而與芳芳相識並成好友至今，故多年來多次七公主的聚會，我都有幸成為被邀之列，亦因此而有更多機會接觸到寶珠姐，並在某次聚會上得其他幾位公主特准，許我以「三家姐」來稱呼寶珠姐，自此結下這深厚的情誼，由當時到現在，都覺得幸福到不得了、不得了！

其實在八十年代我的工作生涯中，曾試過有兩次嘗試想邀請寶珠姐復出演出的，一次是在一九八四年完成羅文的《柳毅傳書》舞台劇後，建議已故「演唱會」之父張耀榮先生並得他同意，希望寶珠和寶寶合演兩齣以廣東粵劇為主導的舞台劇：《花木蘭》及《梁祝》，因我覺得她倆既皆可易釵而弁，也可婀娜娉婷，互相分別輪流去演花旦或文武生，該是甚有趣味和意思的一個嘗試。

另一次是在一九八七年，我任「好朋友電影公司」製片經理時，亦曾希望請寶珠復出，與當時移居澳洲的芳芳合作一套女性電影，並計劃請關錦鵬執導，因為我與錦鵬亦如寶珠芳芳一樣，自小是同學兼好友，也是同樣的喜愛她們，所以如能成功，也算是台前幕後的一個佳話；可惜寶珠姐為了兒子經經的學業，要盡母親該有的責任，兩次都推辭了，雖然十分失望，但卻更欣賞她那種堅持和淡泊。

在三家姐移居溫哥華的日子裏，我們並不固定聯絡，但每逢我到溫哥華，總會嘗試約她見面，而她從來不會推辭，每次都很關心、關懷我的近況，她的真誠，讓我感到十分溫暖。

而真正與三家姐較頻密接觸和相處，倒是在她回流香港和我於一九九六年認識仙姐（白雪仙）之後；從她復出演《劍雪浮生》至最近的《牡丹亭驚夢》，及與她在仙姐家相遇，私下我們與友人相聚，我都依然能感受到當年母親所說：「陳寶珠好純、好真、好孝順……」這些氣質從未褪色，相反，生活的歷練，更讓我看到她有一份韌力與氣度。

猶記得在復出演《劍雪浮生》的第一次招待會中，有傳媒朋友問她之所以選舞台劇而非電影或電視劇作復出的演出，是否怕與芳芳及家燕比較時，只見她盈盈一笑，虛懷若谷地說：「我從來都沒有與芳芳、家燕或其他人比較，我只是選擇做自己喜歡同想做的，或許她們見我都能做，也出來做，那不是好？」若非心純和豁達，又如何能如此灑脱！

在仙姐家中多次聚會及了解她參與「任白慈善基金會」幾次演出過程中，除了看到她對仙姐執弟子之禮，尊敬、關懷外，更看到她對仙姐所有朋友，都持後輩之謙恭和禮待，從來沒有把自己當年紅極一時、復出後仍領風騷的巨星身份作為屏障而拒人千里，或是稍有不恭；這，就是她的「善」！

復出後這些年來，見她都是隨着心意去嘗試不同的演出，不停在舞台藝術上繼續努力地成長，一次又一次見到她由擔心、緊張、恐懼到演出時的駕馭自如，都能感受到她那含蓄低調，默默承擔和遇強愈強的生命力，這，就是她的「美」！

就如《姑娘十八十一朵花》的一句歌詞：「貞潔之心，魍魎難近」一樣，她至純、至真、至善、至美的本質，就讓她一直受上天的愛顧與保護！而這相信亦是所有愛寶珠姐的朋友、影迷和我的心願和對她的祝福。

其實「愛」是沒理由的，我只是嘗試在沒理由中找出一些點滴與大家分享和告訴各位：

「教我（們）如何（能）不愛她（陳寶珠）」！

小影迷之練成

關錦鵬訪談

文 — 鄭美姿

六十年代，有兩個「小學雞」，一個叫關錦鵬，一個叫陳善之。他們上同一家小學，搭同一架保姆車。有一天，兩人在車上吵架，鬧得面紅耳熱；事緣戲院正上映《彩色青春》，由陳寶珠和蕭芳芳主演。關是寶珠迷，陳是芳芳粉，關陳兩人都堅持，自己的偶像才是最好的。

關陳同唸老牌名校培正，那個年代的培正，大部份學生家境優渥，更多是上海來港的移民，父母喜帶孩子看文藝國語片，或洋化地只看西片。而粵語片的捧場客則多是基層，被視為通俗和低檔之選。加上兩個男生迷的是女明星，性別本來就是同儕之間的笑柄。「同學老是取笑我們兩人，說我們男仔幹麼迷女人。但我和陳善之兩人臭味相投，一於少理，鍾意咪鍾意！我們在校車上，會鬥歌，他唱首芳芳的歌，我就唱首寶珠的歌，真的會這樣！」

搶頭位

關錦鵬是香港電影金像獎的最佳導演得主，曾執導多齣膾炙一時的電影，例如《胭脂扣》、《阮玲玉》，《愈快樂愈墮落》和《長恨歌》等。而陳善之是金牌經理人，與黎明和李嘉欣拍檔多年。關陳兩人識於微時，在少年瘋狂的追星歲月中，他們簡直是亦敵亦友。

關錦鵬回憶說，小時候家住東京街和青山道交界，新舞台戲院就在隔壁。關媽媽是任白粉絲，是廣東大戲的超級戲迷，故此他自小便跟隨母親出入看戲。「那年代很多女性出來打住家工，做媽姐，她們儲了很多私己錢，捧偶像場，不是送花，而是一個個用錢摺成的銀紙牌，直送入後台。」

至小學階段，他已是個資深戲迷，培養出自己的喜好和品味：「我喜歡看粵語片，但不喜歡看粵劇的電影版。」更重要的，是他有了自己的偶像，小學五年級已經成為追星族，陳寶珠有份演出的電影，他從不缺席。「如果有兩套戲，一套是寶珠當主角，另一套是芳芳，那我一定先掏錢看寶珠！」而現實也不一定殘忍，「但好好彩，她們兩個好多戲都是一齊演的！」

他是忠實粉絲，為了見偶像陳寶珠一面，不惜打爛錢罌，出錢出力：「平時常常和陳善之一起看公餘場，因為票價便宜。但有時戲院會搞優先場，請來明星在播映前，真人亮相十幾分鐘，隨片登台，這就不得了。」不得了的意思是，戲院前座的票價，平日盛惠四毛錢，有明星登台的日子，前座票價漲至三塊半，關錦鵬除了荷包出血，更要大排長龍才能求得一票。「有寶珠演的戲，為見她一面，一定去買票，我往往在座位上興奮大叫：寶珠寶珠，典型粉絲行為。喊完一大輪，就乖乖看戲。」

偶像影響

一九九六年，關錦鵬執導紀錄片《男生女相》，並藉此出櫃，公開了自己的同性戀身份。而陳寶珠在不少粵語片中，其實都有女扮男裝的反串角色，造型英姿颯颯。問關錦鵬，彼時年少的他，情傾寶珠，特別喜歡她的角色造型，這跟他自己對性別的思考，會不會有什麼關係？

他想一想後，先補白了一段當年的「世情」。那是一個女性展現獨立自主的年代，她們打住家工，當女傭，很多媽姐甚至一起置業，購入或合租「姑婆屋」，可謂一種女性主義的抬頭。而任劍輝是當紅文武生，反串飾男角，對很多女性觀眾來說，是一種性別投射。大家都知道任姐是女人，但大家幾乎都把她當成為男人。「我媽是任白迷，她甚至覺得，任姐仙姐，兩人根本就是一對。她沒有加諸道德眼光，接受能力很高。」關錦鵬直言，「姑婆屋」的女性，怎說也有一點同性愛情的興味，而那代人對於男扮女裝，女演男角，反倒感覺平常，即使沒宣之於口，但內心似乎頗為接受。

任白的頭號粉絲關媽媽，在往後八十年代，電視偶爾播放粵語殘片時，若看見任姐穿起女性衣服，甚至會反射性的衝口而出：「任姐幹麼扮女人？」而陳寶珠則是繼任姐之後，在粵語片年代飾演最多反串角色的女星。寶珠在兩個性別之間游走自如，深深吸引了關錦鵬。「例如《彩色青春》，寶珠大跳『A gogo』，另一齣武俠片，寶珠立即變男裝，跟芳芳做情侶。芳芳極少反串，幾乎所有反串角色，都會由寶珠飾演。她的扮相硬朗，很帥，有英氣。」

他甚至覺得，寶珠的男裝，要比呂奇的真男裝，來得更硬朗有型；也就是這種男女角色的來去自如，迷倒了小影迷關錦鵬。「我覺得寶珠的變化很多，非常吸引我，增加了寶珠的層次感和神秘感。」

戲中人在眼前

關錦鵬由看戲變成做戲，轉捩點是他於高中時代，加入了劇社，自此一入「戲」門深似海。之後他報讀無綫電視的藝員訓練班，以及浸會學院的傳理課程，再輾轉入了演藝界，並晉身幕後。

一九八九年任劍輝去世，嘉禾欲重新剪接並推出任白主演的電影《李後主》，邀請關錦鵬監督製作。彼時關錦鵬憑着影片《胭脂扣》而大紅，並正執導《人在紐約》，但他立即應承：「我媽知道任姐過世，亦非常難過。作為兒子，作為任姐晚輩，實在義不容辭。」

最後影片重新推出，仙姐欣喜，某次他們同場相見；仙姐的朋友起哄，紛紛請仙姐把關錦鵬認作契仔！因着結識了仙姐之故，關錦鵬某年大年初一上她家拜年時，竟遇上多年偶像陳寶珠。當時老朋友陳善之亦在場，他立即朝寶珠說：「阿關後生時，是你的超粉啊！」但這位真正的影迷很含蓄。關錦鵬說：「細個時的偶像啊……其實真正彼此認識後，每次再見寶珠，我看到的她，都是以前的她，是以前電影裏的 images。」眼前真實的陳寶珠，卻又是五十幾年前電影裏的她，或者是坐在戲院前座看見的她。「我和寶珠變得很熟嗎？沒有啊。我寧願 be quiet（保持沉默），讓那種影像和感覺，永遠封存。」

他是關錦鵬，他一直是陳寶珠的少年粉絲，「粉絲和偶像的關係，永遠最 pure（單純），好 memorable（難忘）。停留在那裏幾好，少年的偶像。」

《彩色青春》的前因後果

盧子英

由我一手編撰的精裝本——《彩色青春：影迷公主陳寶珠畫冊》於一九九一年八月出版，三個月後再版，至一九九九年再推出修訂版，幾個版本共印了六千冊，不單全部售罄，此書更成了全球寶珠迷人手一冊的精品！作為編者，亦是超級寶珠迷的我，也不否認這是我人生中最大的成就之一。這一次，在機緣巧合之下，希望藉着這篇文章跟大家分享一下這本畫冊的製作經過，我亦可以乘機懷舊一番，畢竟已過了二十多年光景了！

在編撰《彩色青春》之前，我極其量只是半個寶珠迷，皆因我喜愛的是整個粵語電影圈。早於七十年代尾開始，因為受幾位影迷好友的薰陶，愛上了早期的粵語片，當時兩家電視台每日都播出不少佳作，我都一一錄下仔細欣賞，而當中少不了寶珠姐的作品；在欣賞的當兒，不期然又浮現出七、八歲時我的契姐帶我到戲院看寶珠電影的情景，她是個標準寶珠迷，我雖然年少不懂，但也隱約感受到她的狂熱！但整體而言，對寶珠姐還是一知半解，只覺得她有一份過人的氣質。

一九八七年對我來說是「寶珠年」，當年年中，由麥潤壽主持的訪談節目《人生人生、各有前因》邀請了寶珠姐接受訪問，這是她自七三年息影以來首個詳盡的專訪，分五天播出，當時我亦跟其他寶珠迷一樣，在收音機前細聽，這段訪問，讓我對她加深理解，更被她成熟了的聲線所迷醉！從那時開始，我決心搜集一切有關寶珠姐的資料，而世事往往十分奇妙，同年年底，電影雙週刊的編輯馮敏兒於住所附近撿拾到一個皮箱，裏面盡是寶珠姐的相關珍藏，有刊物有照片又有唱片，更有大量剪報。難得是他知我正在搜集寶珠姐的資料，竟將整箱珍貴無比的物品送給我，唯一條件是要我為《電影雙週刊》寫一篇有關寶珠姐的文章，於是一周之後，《貴乎真、善、美》這篇文字於二二八期刊出，這也是我第一篇關於寶珠姐的文字！

一九八八年，由次文化堂出版的《次文化》雜誌創刊，其中有我的專欄，除了寫動畫和玩具，也有寫粵語片資料，當時走訪了一些資深影人做口述歷史，由於反應不錯，也準備出版一些專書。一九八九年名伶任劍輝逝世，我和另外兩位影迷朋友決定為任白出版專書，由次文化堂出版，經多次商討，以圖片為主的精裝畫冊為基礎，在編輯的當時，我有幸參加了於一九九〇年三月舉行，由任白慈善基金主辦的李後主記者招待會，本打算為那本任白畫冊取材，但意想不到的是，寶珠姐竟也出席為仙姐打氣！這是我第一次與寶珠姐面對面，我只覺如在夢中，交了名片給她，並要求合照一幀，她亦客氣地答應，當時腦海中浮現一個念頭，那就是任白畫冊之後，我一定要為寶珠姐出版一本專書！

《一代藝人——任白戲曲藝術畫冊》本有三個編輯，但由於其餘兩位事忙，結果編撰工作由我一人擔當，幸而書本終於在一九九〇年底面世，而且反應熱烈，三千冊瞬間沽清，這給予我和出版社十足的信心，我乘勢提出為寶珠姐出書的建議，當然不會有人反對！加上我有了任白畫冊的製作經驗，整個編輯計劃書在一周內已完成，當時我唯一的顧慮，反而是如何將寶珠姐龐大的資料濃縮於一冊內。自從一九八七年底開始，在天時地利人和的環境下，短短三年間我已搜集了過千件的寶珠姐相關資料，當中自然以圖片為主，這正好符合了精裝畫冊的基本要求；與此同時，我又走訪了多位資深寶珠迷，了解到她們對於一本寶珠畫冊的期望和要求，我都一一記下來，作為編輯的指標。一句而言，我希望這本書可以滿足到全世界的寶珠迷。

由於《一代藝人》的成功，這本寶珠畫冊也沿用相同的製本，那就是一百四十四頁全彩硬皮精裝，內容大致分為人物傳記、作品一覽、有關商品和近況四大部份，以圖片為主，整體文字不多，除了主要由我撰寫之外，也會有一些客席文章，包括導演代表李鐵、蕭笙和吳宇森，結果只有蕭笙導演交來文字，李鐵導演沒有撰文，但借出了一些珍貴的資料，至於吳導則因為太忙了，最終未趕上截稿日期，另一位導演楚原則提供了一篇耐人尋味的序言。七公主的代表我找了兩位，包括當時剛剛考慮復出的薛家燕姐姐和深閨的王愛明姐姐，結果家燕姐有文刊出，而明明姐則提供了當年七公主的一些寶貴資料，我都一一放入書中。最後一位為我撰文的是亦師亦友的資深香港電影研究者余慕雲先生，他除了撰文，亦提供了不少編輯上的意見，使製作上更見順利。

由於是寶珠姐的專書，她的傳記至為重要，幸而較早時候坊間有一本《陳寶珠畫冊》，其中的生平資料比較詳細，而另一本以文字為主的《陳寶珠奮鬥史》也有詳盡的記錄，我將其中資料整理再配合一九八七年的電台訪問，終於寫出了一段詳盡而準確的小傳，至於其餘文章，基本上我都是從一個影迷的角度去撰寫，可謂難度不高，反而最頭痛的是選圖，一方面可用圖片頗多，難於取捨，既要配合資料，亦要以「美」為原則，結果花的時間最長。而在技術方面，當年尚未流行photoshop這類電腦軟件，有部份畫質較差但十分珍貴的圖片，都是用傳統的人手去執相，花的時間也是頗多的。

至於編輯寶珠姐相關藏品那部份，主要是當年的書刊雜誌和唱片，我的私人珍藏可謂傾巢而出，當然亦要有所取捨，結果一些於寶珠迷心目中被視為極品的例如《陳寶珠日記》、《玉女的秘密》及《追緝令》圖案唱片等等都一一展現！後來我從讀者的口中知道這部份是影迷最樂於看到的，因為可視為一個寶珠藏品目錄，開眼界之餘也提供了不同的選擇。最後，我花了半年的時間完成了全部編輯工作，之後的排版、製菲林，以至印刷的過程我都親自跟進，因為我絕不容許有任何錯漏產生，直至一九九一年八月那一天，我手上拿着這本剛釘裝好的《彩色青春——影迷公主陳寶珠畫冊》時，那份滿足感至現今仍未忘記！

自出版之後的幾年間，我陸續收到了數以百計的寶珠迷來信，來自世界各地的讀者除了讚賞這本她們心目中視為「天書」的畫冊之餘，也有意猶未盡的希望我可以再下一城，再將寶珠姐其他的藏品收集成書，而我除了一一謝過之餘，亦在心底裏感激，似乎我心目中最想做的一件事，那就是將《彩色青春》這本畫冊作為一個寶珠迷送給全世界寶珠迷的禮物，已經做到了。

一九九六年底，也是在《電影雙週刊》的安排下，我終於有機會和寶珠姐做了一個四小時長的專訪，當日我特別帶上了一冊《彩色青春》，請寶珠姐在封面上為我簽上名字，與此同時，我問寶珠姐可有看過這本書，覺得如何？她當時沒有回答我，只是點點頭，並且報以一個微笑，而我已經十分十分滿足了！

佔領人心　是偶像也是朋友
——影迷眼中的陳寶珠

Connie、Vivian、楚君、銀珍、阿娥

文一陸明敏

「我們早已『簽了合同』，下輩子都要當陳寶珠的影迷。」影迷阿娥如是說。

幾番春去冬來，台上偶像一個接一個，影迷要變心容易至極，也本是稀鬆平常。六七十年代，陳寶珠風靡一時，擄獲萬千影迷的心，一句「陳寶珠嚟喇」，警察都要為她開路。鏡頭前的她，固之然風采萬千，鏡頭後的她，那樣溫婉平靜，影迷前簇後擁，一「擁」，就已是數十載。能夠得到數十年的喜愛，關鍵全在於佔領人心。

是次接受訪問的五位影迷，楚君（王楚君）、銀珍（陳銀珍）、阿娥（周月娥）三位早在陳寶珠出道初期，已是死忠影迷會會員，年資約五十多年，另外兩位影迷Connie（黃志慧）及Vivian（李冠儀）在陳寶珠息影復出後，才瘋狂着迷成為影迷會會員，年資約十七年，若只論喜歡，其實近五十年。從她們談及那些極盡瘋狂之往事、對陳寶珠的執着與守護、由偶像影迷到朋友姊妹的轉化與親暱，我們除了可以看到這位偶像如何影響着一個時代，也看到偶像與影迷間的關係，如何遠超我們的想像。

一聲聲叫着寶珠姐，彷彿又回到過去。

為見偶像　追車跳船在所不惜

《影迷公主》（一九六六）的其中一幕，是一群工廠妹為了一睹偶像江浩（呂奇飾）的風采，偷偷跟着他的車進入片場，原來現實中也的確經常發生。喜歡看電影的楚君，早已被年輕的陳寶珠於武俠片中扮演的反串角色迷住，就是偷偷進入片場的常客。當然，要避過守衛的耳目也不是那麼容易，有人會偷偷蹲在車旁跟着出入，有人攀山越嶺為見偶像一面，楚君則選擇籠絡守衛，間中請他們飲飲食食。《影迷公主》最後一幕，高明珠（陳寶珠飾）上台跳士的舞，鏡頭一轉映入台下的影迷，右下角竟然見到楚君，「我們去偷看她拍戲嘛，那場戲需要很多人，導演便特別准許我們進場一同拍攝。」

更瘋狂是，她們追車、跳船，險象橫生，屢屢觸目驚心。「寶珠姐一上了車，我們就立刻截的士去追，一架的士載了很多人，有些人又蹲又趴的，不斷叫司機開快些，追到就加一元，很瘋狂。以前未有海底隧道時，她的車要駛入汽車渡輪過海，我們即刻從車上跳到船中，不然怎樣追到她啊？」楚君笑說。「那時不理生死，死了再算呀。但其實家人很擔心。」

六十年代起，香港工業發展，工廠林立。工廠妹當時是新興的群體，經濟上較獨立，時間上亦較彈性，很多工廠妹都是陳寶珠的影迷，楚君則為其中一員。她為了見偶像，經常請假、被罵，後來索性不請，「一個電話說她在哪裏拍戲，就急急腳走人，走了回來再算，以前都不愁沒有工作。」

偶像走到哪裏，影迷就去到哪裏是常態，家門口更是要地，非守不可。銀珍說：「以前她住文蔚樓，我們就守在文蔚樓，搬到漢苑樓下，我們就在樓下對面望上露台，能看到她的頭髮也好，我們守到很夜才走。」當年只有十歲的阿娥，全因陳寶珠的一個笑容而被迷住，懵懵懂懂的就成為堅守的一員，「影迷好像不用上班、上課，一守就最少八小時，有些鄰居會往影迷身上倒墨汁，因為人太多惹來不滿。她去外景我們就去外景，她去廠景我們就去廠景，後期最誇張時我們帶煲去燒烤、野餐，與寶珠姐一起食，愈來愈親密。」

陳寶珠於一九九九年復出就擔演過百場的《劍雪浮生》，魅力不減當年，讓 Connie 與 Vivian 亦瞬間觸電愛上。Connie 小時候已和家人在戲院看陳寶珠的電影，在看過《烽火恩仇十六年》就被她吸引着，開始去找她的其他戲看，但真正可以近距離接觸寶珠姐就是在她復出後。「當時香港電影資料館一天上映四套她的電影，我在戲院又入又出，飯也不吃。」

當年十歲的 Vivian 看到電視上播放的《青春玫瑰》，被當中一個載歌載舞的發夢場景吸引而喜歡陳寶珠，但後來一直沒有機會接觸她。直至陳寶珠復出，內裏的「寶珠魂」才再次燃燒起來。一九九九年，她得知西灣河文娛中心將會上映十套陳寶珠經典電影時，但戲票已經售罄，於是每天打電話去查詢會否加場，後來終於成功爭取增設十個企位。

自問算是理性、從來都不迷明星的Vivian笑言：「我一直都只是很平淡地喜歡她，《劍雪浮生》最初我也只是訂了三場演藝的票，沙田、屯門那些場次我覺得很遠就不去了。然而，就在文娛中心首場《影迷公主》散場時，我有機會跟她握手，一握，不得了，她望着我，觸電了，這個畫面印在我腦海中好幾個月。後來我竟總共看了《劍雪浮生》三十多場，包括屯門及沙田。我日日都很想念她，於是我決定跟我的上司要求彈性處理工作時間：每天早上六時返工，四時放工，我說因為要等一位久休復出的Super Star，他竟然又覺得OK。那段日子我每天五時等寶珠姐進場，沒有票的日子，中間的時間就先回家，十時散場又再來等她，有時我還會帶同我的老公及兩女兒去等，想起也覺得自己瘋狂。」

但這似乎也是寶珠迷的常態，楚君直言：「寶珠姐開七場演唱會，我就請七天假，上司知道我去看什麼，他一定OK的，我不請假不行呀！」

表演風格多元化　不斷突破饗觀眾

陳寶珠早期多於武俠片中演反串角色，後來直至《影迷公主》才開始演女角，所以幾乎可以説，早期的寶珠迷多是因她的武俠反串扮相而喜歡上她。被問到最喜歡哪一套陳寶珠的演出，眾人紛紛大呼好難選；被問及如何看陳寶珠的演員風格，幾乎窮盡她們最好的形容詞。演技上她未必最好，但無可否認的是，她扮演男角與扮演女角同樣出色，且宜古宜今，能文能武，多元化的表演風格實屬少有。

芸芸演出中，銀珍最喜歡《六指琴魔》（一九六五），喜歡到主動買票請同學看，必薦之選，「她男又得女又得，演武俠片男角時是正義凜然的俠士，兼且十分英俊、風度翩翩，演少女角色如在《玉女添丁》（一九六八）中，純情、天真活潑、足智多謀，很討人喜歡。她演戲最大的特點是入戲，看得你好像能代入她的身份，譬如《紅樓夢》（二〇一二），你會與她一起哭。」楚君則比較喜歡武打片，最喜歡《碧落紅塵》（一九六六），尤其欣賞她的武姿，一個轉身反手劍，瀟灑利落。「我那時看《七彩胡不歸》（一九六六），在戲院中出出入入都是看那套戲，看得太多次都怕查票員認得我，怪不好意思的。」阿娥則喜歡她演男角多於女角，最初甚至不知道陳寶珠是女生，「我很喜歡聽她唱歌，她咬字真的很清。」

較喜歡時裝劇的 Vivian 覺得，像陳寶珠那樣多才多藝的明星，在整個世紀中，屬前無古人後無來者，「如果你要拿她師傅任姐（任劍輝）與她在粵曲方面相比，當然是師傅較好，但如果你說多才多藝多元化，沒有一個人能及得上她。她既可英俊又可嬌俏自不用說，我覺得形容詞不用太多，兩個字：自然，有些作狀的演員嬌嬌嗲嗲的，你會毛管戙，但你看寶珠姐做戲是不會的。」

談到最喜歡的電影，Connie 總是感到十分遺憾，因自小家教嚴厲，沒有機會看到陳寶珠同時演男女角的《楊門胭脂將》（一九七二），惟有以《天之驕子》（二〇〇六）滿足她無法看到陳寶珠同時演男女角的心願。「她演男角，是身心投入去演男生，令你信服她是一名男性；她演女角，也能表現出她的嬌柔。另外，寶珠姐的眉很會做戲，我很欣賞她這方面，不用說話，眉宇間已經可以演活角色。」

不過，並非所有電影在影迷心目中都是好的。六十年代的電影有云「七日鮮」，最快七日就可以趕起一套粵語片，後來過於粗製濫造而為人詬病，片商才開始着重質素，慢慢增加拍攝天數。阿娥感嘆，以前的製作過於求其，以致好些導演找到陳寶珠拍戲，卻「捉到鹿都不懂得脱角」，未能拍攝出她的精髓。當時陳寶珠扮演的全是正氣、正面的角色，發揮空間似乎不大？阿娥笑言，或許是影迷限制了她的戲路，「以前曾經試過戲中的寶珠姐要死，但我們不准她死，《莫忘今宵》本來有場強姦戲，我們又不准，不然就衝上報館投訴，其實也幾野蠻（笑）。」

一九九九年，陳寶珠復出，重新站到舞台上做大戲，至今每年也有演出，又粵劇又演唱會又舞台劇，一次又一次的突破自己，不斷帶給影迷驚喜。楚君說：「以前她做粵劇其實很辛苦，要用很多時間練曲，加上要拍電影，所以沒有再做，但我們又很希望她做，叫她做她也不做。現在她做了，我們就高興得不得了，我們做夢也沒有想過她會做，你看過就知她的粵劇很厲害，百看不厭。她有個朋友原本以為《紅樓夢》會非常悶，他看完以後卻說：『嘩，為什麼她的《紅樓夢》如此不同？真的能演到書中作者描寫的年齡！』」

銀珍認為復出後的陳寶珠愈來愈好，其演出已經昇華為藝術，「粵劇的唱、做、唸、打，她都做得很好，她努力鑽研如何可以做得更好，吸收、消化再重新演繹。她做得很入戲，令我們也看得很投入。而她的扮相仍然很美，六十多歲人卻完全不像阿婆，在《紅樓夢》

中竟能演活賈寶玉不同的年齡，那麼美、調皮、討人喜歡，次次也有驚喜。」Connie 認為，陳寶珠的咬字非常清楚，不用看字幕已經知道她在唱什麼，而且更可貴的是，即使在其對手唱歌時，她也會有表情，與對手有交流。Vivian 欣賞她對粵劇夠認真，一字一句都絕不會含混過去，做手也很利落，聲線也比以前雄厚，音唱得很準。

偶像與影迷間的二三事

心底裏總有個疑惑，到底陳寶珠這個偶像有什麼魅力，能夠令影迷瘋狂數十載，甚至在她息影時仍不離不棄？熒幕前的她雖好，但感情的維繫總不能只靠表象，熒幕後她的待人接物或許才能見真章。以下幾件小事，實在算不得上是什麼，但見一個人，總是能見其微，知其著。一件一件小事鋪陳下來的，就是完整的生命經驗。

一、視影迷為朋友

「寶珠姐和我們已不是偶像與影迷的關係般簡單，因為偶像分分鐘都可以換，但朋友就是一世了。」影迷阿娥如是說。「有一次活動我們偷溜進去，想與寶珠姐合照，誰知有人趕我們走。之後我們跟寶珠姐抱怨有人趕我們走，她說了一句：『你跟他說，你們是我的朋友嘛！』真是窩心得不得了！」

Vivian則說：「在最近一次《牡丹亭驚夢》的慶功聚會，寶珠姐請我們吃飯，席上她說已當我們是姊妹，我們開心到不得了，已經不是朋友，是姊妹！」

二、記着每個人的名字

聽說陳寶珠的記性非常好，能記着所有影迷的名字，而「記着」本身意味一份尊重，也預視了影迷在她心目中的位置。楚君說：「她記人很厲害的，她見過你都知你姓甚名誰。有一次我給她照片簽名，她竟自動在上款寫了我的名字，開心到暈。」

Vivian說：「九九年她演《劍雪浮生》時我在門口等她，見到她就會找她簽名，有時我們會覺得自己很無賴，叫寶珠姐簽名會問她可否加上上款，她說好，通常她會照着你說的名字寫。有一日找她簽名，她突然問我，上款想寫中文名還是英文名，我很緊張，說隨便就好，她就寫了我的中文名。原來她記着了我的名字！」

還不只如此，她連誰多數站在哪個位置看都會認得，銀珍說：「我們成班人圍着她，但總有一些人只能站在角落看她，譬如我們這些身形較矮小的只能站到後面跂高腳看，她會留意到是誰在一旁靜靜地看着她，她簽名時就會認得這個人。」

三、同枱吃飯不斷挾菜

陳寶珠息影後就立即出國好一段日子，有一次影迷們專程去加拿大為她慶祝生日，獲得偶像在機場接機之餘，更能在生日宴會上坐主家席。「她不會看輕我們。那時同場有很多明星，我們竟可以坐主家席，也挺尷尬的。」阿娥笑說。

銀珍對與她同枱吃飯也有過很令人窩心的經驗：「早期曾有一次，她在中環約了朋友飲茶，我陪她在尖沙咀碼頭坐天星小輪過海。當時只有我和她，那時她很少會一個人外出。

我陪她去到酒家，她知我未食午餐，就叫我一起吃。那時我只有十多歲，而且和她的朋友不算稔熟，原想推卻，不過想想能和她吃飯又很開心。結果在席上她很照顧我，一點也不會看輕我，不斷挾菜給我，叫我慢慢吃。」楚君也有過與陳寶珠同枱吃飯的經驗，笑指直到今時今日，她就算與不是很熟的人同枱吃飯，也會挾菜給所有人。

四、影迷握手　永無 Say No

偶像與影迷握手，又有何特別呢？特別之處在於，陳寶珠單憑握手也能向影迷傳達溫暖與真誠。Connie 總是記得這一份關心：「有時她跟我握手，不下數次問我為什麼我的手那麼冷，雖然她已跟很多人握過手，但她摸到我的手立刻就這樣慰問，真的很窩心。」

Vivian 也非常嚮往跟她握手，「你會深深感受到她不是敷衍你的，雖然她要跟很多人握手，但她會跟你有眼神接觸、點頭，緊緊握着你的手。」除此以外，陳寶珠對影迷的瘋狂握手行為也非常有耐性。「你知道我們這班人很無賴，要握很多次手，握完又立即走到龍尾再握過。其實寶珠姐知道你握過了，但她亦會照握，握到她真的上車了仍然在握。她不會催促司機快駛離去，反而會很貼心地讓司機駛慢一點，讓她能好好跟影迷道別。」

銀珍說：「現在她每次活動完結動身要走的時候，如果有機會，多數會跟我們說：『你們等得很辛苦，跟你們拍個照吧！』她亦會跟每個人握手，『拜拜、拜拜』很多次。」

五、擔心影迷長時間等待

影迷在門口、片場日等夜等，陳寶珠去到哪裏，影迷就化身「跟得夫人」，影迷知道她會去哪裏吃飯，就會在她隔籬枱吃，知道她會去看什麼節目，又會買票跟着她看，不放過任何一個機會。換着是普通人，早就對此感到不耐煩，甚或發脾氣，覺得私生活被侵犯。但楚君卻說她從來不會不耐煩：「她覺得你等待不要緊，但就不要太夜走，而且不可以不走。但我們很奀皮呀，她叫我們走，我們『哦』完就躲着，再過一陣子才走。有時她都會生氣，你不聽她話，她真的會不理你。雖然我們覺得她都是做做樣子，但我們又會覺得『死啦怎辦呢』。」

Vivian 認為，陳寶珠其實很擔心影迷會長時間等她：「現在我們知道有一些日子她必定會去哪裏，譬如任姐（任劍輝）生忌死忌、仙姐（白雪仙）生日，我們就會去那裏等她。初初她不肯告訴我們什麼時間會到，不想我們等，後來她知道若果我們不知道時間就會等全日，開始會告訴我們時間，譬如她六時會出現，我們就五時半開始等，等明星半小時其實很小事，但她竟說不要等這麼久，五時五十五分開始等就可以了。她知道那些日子很冷或者下雨，就會擔心我們。你說她幾可愛！」

六、珍惜影迷的心意

「你問我她有什麼好，我也說不上來，或許很簡單：細心、真誠。」阿娥笑說。

銀珍說：「十多歲的時候我去工作，很辛苦，由朝做到晚，又沒有假期。有時個幾兩個月都沒有見過她。就在工作最辛苦的時候，她打電話來問候我工作辛不辛苦。嘩！你的偶像來問你辛不辛苦，開心到什麼苦都忘了。她知道你的家人有事，也會記掛在心，常常問候。而且她很領我們情，有時你買東西給她吃，煲湯給她飲，她很喜歡，不會對此有戒心，會很欣賞別人對她好。」

楚君想起以前有位影迷進了醫院，打電話到片場，說只想見寶珠姐一面就感到安慰了。她立刻答應去醫院探他，還他心願，「在她能力範圍以內，她是有求必應的。」

陳寶珠復出後，曾接受黃霑的訪問，指她知道有一班新的影迷準備組成新影迷會，但卻不打算跟他們聯絡、聚會。影迷聽到當然非常傷心，但私底下還是組織了一個十多名成員的小型影迷會。影迷的誠意最終打動了偶像，Vivian 指：「雖然沒有寶珠姐，但我們還是有活動，成立一年後，我們都試着邀請她參與活動，怎知她真的來，開心到暈。根據以往習慣，寶珠姐生日前後都會有聚會，竟然也有我們這個小影迷會份，非常開心。」Vivian 還分享了陳寶珠生日宴會上的小小習慣：「她會跟每枱影迷聊天，聊到差不多的時候就會說：『剛才那枱沒有聊這麼久，我要走了！』她為人很公道，覺得要給予每一枱影迷差不多的時間。」

偶像一時三刻的虛情假意，或許可以換來短暫的支持。情人間都沒法維繫的天長地久，她與影迷卻做到了，真誠實是關鍵。陳寶珠愛錫影迷的同時，影迷也很愛錫她。

有一次，陳寶珠飾演《牡丹亭驚夢》時不舒服，影迷們非常心痛，寧願自己代她受苦。楚君指：「她第一場一開聲我們就緊張，她演了兩三場後就開始不舒服，卻要做足二十場，我們不擔心就假了。」Vivian 指當時影迷甚至要求前來欣賞演出的高永文醫生為陳寶珠開藥：「我記得那次她不舒服，高永文醫生一到場，影迷就圍着他說寶珠姐把聲不舒服，請求他快點開藥給寶珠姐！高永文醫生都沒有辦法，笑着說自己連她人都未見過。」

七、關心長輩　孝順父母

陳寶珠在圈內出名孝順，影迷們皆有目共睹，楚君笑說，正因為偶像如此孝順，很多影迷也以她為榜樣，學會孝順父母。銀珍憶述：「我們親眼見到媽咪陳（陳寶珠母親宮粉紅）不舒服，寶珠姐就抱她上床。雖然她有聘請傭人及護士，但仍會親自替媽媽洗澡，絕不假手於人。」

影迷早已視陳寶珠的母親為自己的母親，在陳寶珠息影出國後，也為她肩負起女兒的責任。楚君說：「媽咪陳經常說當我們是女兒，我們就叫她媽咪。寶珠姐去了美國，我們就經常探望媽咪陳，替寶珠姐照顧她。」阿娥覺得自己有種責任，要照顧其母：「我們陪媽咪陳打麻雀、飲茶、看戲，每一年寶珠姐都會回來慶祝她媽媽的舊曆生日，從沒間斷過。」

不只自己的母親，她也非常照顧其他長輩，銀珍談起自己的母親如何喜歡上陳寶珠：「初時我帶同我的女兒去追寶珠姐，我媽媽當然不喜歡。後期我去看寶珠姐的演出時也帶上我的媽媽，她知道是我的媽媽後，會專程過來打招呼，老人家非常開心。有一次完場，她上車離開，我媽媽行得慢打算在停車場跟她說再見，她卻先走過來跟我媽媽說了再見才走，對老人家很好。寶珠姐就是這樣，可以軟化別人。」

陳善之到家中拜年，攝於 2015 年。

接受盧子英的訪談，並為《彩色青春》一書簽名，攝於 1996 年。

友

香港寶珠之友聚會，攝於 2013 年。圖為 Connie（五行左四，戴眼鏡者）、Vivian（二行左九，穿粉紅 T-Shirt 者，衫上印有寶珠肖像）、楚君（二行右二，站立紅衣者）、銀珍（三行左五，穿格仔外套者）及阿娥（二行左十，戴眼鏡者）。

本著作扣除必要開支，所有版稅將全數捐給香港血癌基金。

責任編輯　莊櫻妮
書籍設計　姚國豪

書　　名　玉女沒有秘密
口　　述　陳寶珠等
訪　　問　蘇美智
　　　　　陸明敏
　　　　　鄭美姿

三聯書店
http://jointpublishing.com

JPBooks.Plus
http://jpbooks.plus

出　　版　三聯書店（香港）有限公司
　　　　　香港北角英皇道四九九號北角工業大廈二十樓
　　　　　JOINT PUBLISHING (H.K.) CO., LTD.
　　　　　20/F., North Point Industrial Building,
　　　　　499 King's Road, North Point, Hong Kong
香港發行　香港聯合書刊物流有限公司
　　　　　香港新界大埔汀麗路三十六號三字樓
印　　刷　美雅印刷製本有限公司
　　　　　香港九龍觀塘榮業街六號四樓A室
版　　次　二〇一六年十二月香港第一版第一次印刷
規　　格　十六開（170mm × 230mm）二七二面
國際書號　ISBN 978-962-04-4095-3（套裝）
©2016 Joint Publishing (H.K.) Co., Ltd.
Published & Printed in Hong Kong

責任編輯　寧礎鋒
書籍設計　姚國豪

書　　名　愛她想她寫她
主　　編　鄭政恆

出　　版　三聯書店（香港）有限公司
香港北角英皇道四九九號北角工業大廈二十樓
JOINT PUBLISHING (H.K.) CO., LTD.
20/F., North Point Industrial Building,
499 King's Road, North Point, Hong Kong

香港發行　香港聯合書刊物流有限公司
香港新界大埔汀麗路三十六號三字樓

印　　刷　美雅印刷製本有限公司
香港九龍觀塘榮業街六號四樓A室

版　　次　二〇一六年十二月香港第一版第一次印刷

規　　格　十六開（170mm × 230mm）二五六面

國際書號　ISBN 978-962-04-4095-3（套裝）

©2016 Joint Publishing (H.K.) Co., Ltd.
Published & Printed in Hong Kong

Copyright©2016 Hong Kong Economic Times,
All rights reserved. Reprint with permission.
鳴謝信報財經新聞有限公司惠允轉載（編號 2016
DEC12001）

三聯書店
http://jointpublishing.com

JPBooks.Plus
http://jpbooks.plus

本著作扣除必要開支，所有版稅將全數捐給香港血癌基金。